Verena Keil (Hg.)

POST VOM HIMMEL

Über die Herausgeberin

Verena Keil arbeitet als Lektorin bei Gerth Medien und hat bereits eine ganze Reihe erfolgreicher Geschichtensammlungen herausgegeben.

VERENA KEIL (HG.)

POST

vom Himmel!

WAHRE GESCHICHTEN FÜR TEENS

GerthMedien

INHALT

VORWORT

Hey, liebes Menschenkind,

ich freue mich, dass du diesen Brief liest. Ich möchte dir sagen: Ich interessiere mich brennend für dein Leben und dafür, was dich so beschäftigt. Dein Alltag ist mir nicht egal – ich freue mich mit dir, wenn du Schönes erlebst, und leide mit, wenn du Schwieriges erfährst. Ich kenne dich durch und durch, weil ich dich geschaffen habe. Ja, du bist von mir kunstvoll designt worden! Vergiss darum nie, wie wertvoll du für mich bist.

Ich sehne mich nach einer Freundschaft mit dir. Darum versuche ich immer wieder, mich in deinem Leben bemerkbar zu machen. Leise, unaufdringlich, behutsam. Oft merkst du es nicht. Oft weißt du nicht, dass ich eingegriffen habe, wenn du denkst, dass alles nur Zufall war. Oft kriegst du nicht mit, dass ich auch durch deine Gedanken oder das Gespräch mit anderen Menschen zu dir spreche. Ja, manchmal ist es auch schwer für mich, dich zu erreichen, weil du so beschäftigt bist. Dann sehne ich mich besonders danach, dass du still wirst und dich öffnest für ein Gespräch mit mir.

Ich weiß, dass du viele Fragen an mich und an das Leben hast. Dass du Dinge nicht verstehst und nach dem Warum fragst. Dass dich Zweifel plagen, ob ich es überhaupt gut mit dir meine. Und dass du wissen willst, was für konkrete Pläne ich für deine Zukunft habe. Du steckst gerade in einer sehr bewegten Phase deines Lebens. Du veränderst dich, dein Leben verändert sich. Aber ich verändere mich nicht. Ich bleibe immer derselbe: der Schöpfer des Universums, dein bester Freund und himmlischer Begleiter. Vertraust du mir, wenn ich dir jetzt sage, dass du bei mir in sicheren Händen bist, dass ich auf dich aufpasse und dir den richtigen Weg zeige – zu einem Leben, das überfließt?

From Heaven with Love,
Gott

Gott ist ein Gott, der dir ständig Botschaften übermittelt und Fingerabdrücke in deinem Leben hinterlässt! Natürlich schickt er dir selten handgeschriebene Briefe ☺, sondern spricht vor allem durch die Bibel zu dir. Aber eben auch auf andere Weise – denn er ist ein sehr kreativer Gott! Alle Autoren, die ihre Geschichte für dieses Buch aufgeschrieben haben, durften erfahren: *Gott interessiert sich tatsächlich für mich. Er hat sich in meinem Leben bemerkbar gemacht – oft auf eine Art und Weise, die ich mir vorher nie hätte ausdenken können.*

Sarah hatte ihren Schlüsselmoment mit Gott, als sie einen Bibelvers plötzlich ganz neu verstand, der ihr die Augen für Gottes Liebe und sein Wirken geöffnet hat.

Christopher erlebte in einer brenzligen Situation einen merkwürdigen Zufall, der ihm wahrscheinlich das Leben rettete. Auch viele andere Storys erzählen von großen und kleinen Wundern Gottes.

Leonie und Liane haben beide auf ganz unterschiedliche Weise erlebt: Gott spricht durch meine Gedanken zu mir. Und Lydia durfte erfahren, dass Gott postwendend ihr verzweifeltes Gebet erhört hat – und das gleich doppelt.

Ich hoffe, du bist neugierig geworden auf die Storys in diesem Buch. Lass dich ermutigen, Gott zu vertrauen – mitten in deinem Alltag!

Verena Keil

ENGEL IM PICK-UP

Ich war früh losgeradelt an diesem Tag, weil ich es noch bis nach Oxford schaffen wollte. Da ich völlig ungeübt und unerfahren mit Radtouren war, hatte ich es mit der Länge der Strecke zu gut gemeint. Zudem war es ein heißer Tag, und nach einigen Stunden auf dem Rad brannte mir die Sonne stark auf den Kopf ...

An diesem Tag im Jahr 1982 war ich 16 Jahre alt. Ich war auf einer sechswöchigen Radtour durch Südengland, um mein Englisch zu verbessern. Meine Englischlehrerin hatte mir gedroht: „Entweder du tust jetzt etwas für die Sprache, oder der Leistungskurs ist mit diesem Semester für dich zu Ende." Also war ich kurzentschlossen und ganz allein zu einer sechswöchigen Radtour durch Südengland aufgebrochen. Mit nur wenig Geld im Gepäck orientierte ich mich an den wenigen Privatadressen von Engländern, die ich von Freunden bekommen hatte. In Jugendherbergen mied ich deutsche Rucksacktouristen und schloss mich englischsprachigen Gruppen an. Ich wollte schließlich Englisch lernen und hatte mir vorgenommen, in diesen Ferien ausschließlich Englisch zu sprechen.

Nun lag ich im Schatten eines verlassenen Gebäudes. Ein Sonnenstich hatte mich vom Rad geholt. Es ging nichts mehr. Ich hatte zu wenig Wasser getrunken, und die Mittagshitze sorgte für heftige Kopfschmerzen und Übelkeit. Und ich war einer Ohnmacht nahe ... Damals in den 1980er-Jahren gab es noch kein Handy, und diese schmale Landstraße war wenig befahren. Keine Menschenseele in Sicht. Nicht einmal Tiere. Die Weide nebenan verfügte zwar über ein altmodisches Gatter, jedoch war die eingezäunte Weide leer. Es reichte gerade so für ein Stoßgebet, bevor ich in einen benebelten Halbschlaf fiel.

Plötzlich näherte sich ein riesiger, roter Pick-up. Könnte der vielleicht meine Rettung sein? Doch ich war zu weggetreten, um mich bemerkbar zu machen. Ich hätte auch nicht aufstehen können, wenn ich es versucht hätte. Ein Mann und eine Frau stiegen aus. Die Frau öffnete das Gatter der Weide, und der Mann klappte hinten die Ladefläche auf, auf der ungefähr ein Dutzend Schafe waren. Er zog ein Brett hervor, das er als Rampe anlegte, dann kletterte er auf den Wagen und packte ein Schaf am Kragen. Das führte er die Rampe hinab, er selbst sprang geschickt von der Ladefläche. „Er macht das wohl häufiger", dachte ich. Es muss wohl das Leittier gewesen sein, denn die anderen Schafe folgten diesem, und der Mann führte die Tiere in das Gatter. Als die beiden alle Tiere auf der Weide hatten und sich wieder dem Auto zuwandten, entdeckte mich die Frau. Und was jetzt folgte, erstaunt mich noch heute:

Die Frau stieß ihren Mann an und zeigte auf mich. Ohne dass das Paar weitere Worte wechselte, fuhr der Mann den

Wagen näher an mich heran, und die Frau kam zu mir und half mir dabei, aufzustehen und mich in das Auto zu setzen. Sie versuchte gar nicht erst, mit mir zu sprechen, denn sie hatte offenbar meinen schlechten Zustand erkannt. Der Mann lud unterdessen mein voll bepacktes Rad auf die Ladefläche. Ich rutschte auf der durchgehenden Sitzbank in die Mitte, und die beiden brachten mich in ihr Zuhause. Unterwegs unterhielten sie sich nicht mit mir und auch nicht miteinander.

Im Haus setzte mich die Frau auf einen Küchenstuhl und gab mir ein großes Glas Wasser. Dann nahm sie mich am Arm und führte mich in ein Schlafzimmer. Sie zog im Vorbeigehen ein Nachthemd aus einem Schrank, drückte es mir in den Arm und setzte mich auf die Bettkante. Sie beugte sich hinunter und zog mir die Turnschuhe aus: „Schlaf!", sagte sie auf Englisch zu mir. Das war das erste und für den Moment einzige Wort, das sie sagte. Sie zog die Vorhänge zu und verließ das Zimmer.

Ich muss mehrere Stunden geschlafen haben, denn als ich aufwachte und einigermaßen zu mir gekommen war, war es früher Abend. Es ging mir besser. Ich hatte nur noch leichte Kopfschmerzen. Also stand ich auf, streckte vorsichtig meinen Kopf aus der Tür und rief leise: „Hallo?" Sofort kam die Frau zu mir und führte mich zu meinem Gepäck. „Während du im Bad bist, mache ich dir etwas zu essen", sagte sie nur. Ich kramte nach frischen Sachen und meinem Waschzeug. Die Frau brachte mir ein großes Handtuch und zeigte mir das Badezimmer. Nach der Erfrischung fühlte ich mich gleich wohler und bekam anschließend eine Mahlzeit. Ich kann mich nicht mehr erinnern, was es war, aber es schmeckte ganz hervorragend. Die Frau sah mir beim Essen zu: „Geht es dir besser?", wollte sie wissen. „Ja, vielen herzlichen Dank!", sagte ich. „Gern geschehen. Michael wird dich zur nächsten Jugendherberge fahren, wenn du mit dem Essen fertig bist."

Damit war unser kurzes Gespräch auch wieder zu Ende. Es war etwas an der Art und Weise, wie die Frau sprach, das keine Nachfragen oder gar Smalltalk zuließ. Es war nicht Schroffheit, Missmut oder Unhöflichkeit. Im Gegenteil: Sie wirkte gütig und liebevoll, genau wie ihr Mann, der jetzt in die Küche kam: „Bist du soweit? Deine Sachen sind schon im Auto. Ich fahre dich nach Oxford."

Und das tat er dann auch. Auf der Fahrt sprach er kein Wort mit mir, bis wir vor der Jugendherberge hielten. Er stieg aus und zog mein Rad und mein Gepäck von der Ladefläche. Irgendwie war ich inzwischen auf seltsame Weise verunsichert vom Verhalten des Ehepaars. Aber ein schnelles „Vielen Dank! Für alles!" brachte ich dennoch heraus.

„Gern geschehen", antwortete der Mann. „Und eines Tages, wenn ein anderer Mensch in Not ist, dann wirst du genau dasselbe für ihn tun." Er blickte mich mit seinen freundlichen Augen direkt an, als ob er sich vergewissern wollte, dass ich diesen Satz auch wirklich verstanden hatte. Ich konnte nur schlucken und stumm nicken. „Gute Reise und pass auf dich auf!", sagte er noch und fuhr dann davon.

Ich habe hinterher oft über dieses ungewöhnliche Erlebnis nachgedacht. Im Nachhinein wurde mir deutlich: Diese beiden hat mir der Himmel geschickt. Vielleicht waren es sogar Engel. Sie wussten ohne nachzufragen genau, was los war und wie sie mir helfen konnten. Heute bin ich Krankenschwester und weiß: Gegen den Sonnenstich haben sie genau die richtigen Maßnahmen ergriffen: Flüssigkeit, Schatten, Schlaf, Essen. Sie wussten sogar, dass ich nach Oxford unterwegs war, und offenbar auch, dass ich über einen Jugendherbergsausweis verfügte. Und dann dieser Abschied: „Hilf anderen genauso, wenn jemand in einer Notsituation deine Hilfe braucht!"

Ja, meinen Engeln, die im Pick-up zu mir kamen, war es offenbar wichtig, dass ich selbst anderen zum Engel werde. Deshalb möchte ich den Moment nicht verpassen, wenn meine Hilfe gefragt ist.

Claudia Atts

 Alle, die dem Herrn gehorchen, umgibt sein Engel mit mächtigem Schutz und bringt sie in Sicherheit. Psalm 34,8; GN

 Bist du schon mal einem Engel begegnet oder hast Hilfe in einer schwierigen Situation erfahren? Wo kannst du für andere zum Engel werden?

DER ÜBERFALL ODER: DIE RÄUBER UND ICH

Ich liebe das Meer. Das Rauschen der Wellen beruhigt mich und lässt mich lächeln. Der Geruch von Salzwasser und Seetang erinnert mich an viele Urlaube an der Ostsee. Am Meer fühle ich mich frei. Am liebsten sitze ich am Wasser oder spaziere alleine am Meer entlang, spüre den Sand und auch mal eine spitze Muschel an meinen Füßen. Und noch etwas gelingt mir gut am Meer: mit Gott ins Gespräch zu kommen, ihm zu danken und auch manche Sorge in einem Gebet zu formulieren.

An diesem Morgen im Oktober saß ich am Meer, so, wie wir es in den letzten Wochen öfters getan hatten. Fast drei Wochen waren wir durch Südamerika gereist. Die Route mit meinem Kumpel Simon führte uns von Buenos Aires in Argentinien über die faszinierenden Wasserfälle von Iguazú nach São Paulo und dann am Meer entlang hierher nach Rio de Janeiro. Die Schönheit Brasiliens hatte mich überwältigt. Wir haben unglaublich große Steaks gegessen und standen am Tag zuvor zu Füßen der riesigen Christus-

Statue im Süden von Rio. Und ja: Mit diesem Jesus war ich auch immer wieder im Gespräch. Ich hatte Kraft und Vertrauen getankt in den letzten Wochen. Heute Abend würde unser Rückflug gehen. Umso mehr wollte ich jetzt, kurz vor 6 Uhr in der Frühe, noch den Sonnenaufgang am Strand der Copacabana genießen. Simon schlief noch. So saß ich allein im Sand, schrieb in mein Tagebuch und genoss das Farbenspiel, das Gott über dem Meer durch die ins Sonnenlicht gehüllten Wolken goss. Das Leben war schön. Bis … ja, bis es passierte …

Bis heute weiß ich noch genau, was sich in diesem Moment abspielte. Wie ein Video haben sich die Bilder in mir eingebrannt, alles ging unglaublich schnell. Ich war gerade ins Tagebuchschreiben vertieft, als sich von hinten ein Arm um meinen Hals legte. Mein erster Gedanke war: *Simon ist aufgestanden und macht sich einen Spaß.* Aber der Arm drückte zu feste zu. Und da waren noch mehr Arme!

Heute weiß ich: Es waren acht Arme. Vier Männer hielten meine Hände und meine Füße fest, während ich schrie. „Money, money!?", riefen sie, während sie meine Taschen durchsuchten. Doch außer ein paar Euro und meinem alten Handy hatte ich nichts an den Strand mitgenommen. Ich schrie laut um Hilfe und rief auch laut „Jesus!" Aber die Wellen waren deutlich lauter als meine angsterstickte Stimme. Und dieses Gefühl war in diesem Moment so stark wie vielleicht nie in meinem Leben. *Angst.* Angst, dass sie nicht nur ein paar Euro wollten, sondern dass ihnen auch mein Leben egal war. Einer der vier Räuber hielt mich im

Würgegriff und flüsterte: „Bleib ruhig, wir wollen nur dein Geld." Irgendwie beruhigte mich dieser Satz. Nach wenigen Sekunden war alles vorbei. Der Würgegriff lockerte sich, und die vier Männer liefen gefrustet in verschiedene Richtungen davon.

Da lag ich nun im Sand. Äußerlich unverletzt; aber ich spürte: In meiner Seele war in diesem Moment etwas kaputt gegangen.

Ich rappelte mich auf, sah den menschenleeren Strand entlang – und das nächste Gefühl überkam mich: Hilflosigkeit. Ich, ein Typ, der immer stark war und einen lustigen Spruch auf den Lippen hatte, fühlte mich hilflos. Was sollte ich jetzt tun? Mit Tränen in den Augen stapfte ich zur Straße. Meine Gedanken rasten. War ich selbst schuld an dem Überfall? Ja, wir wussten, dass man abends hier nicht alleine an den Strand gehen sollte, aber es war ja morgens und schon hell. Ich irrte umher, und sehr schnell war da eine andere Frage in meinem Kopf: „Jesus, warum ich? Warum hast du mir nicht geholfen?"

Wenig später lag ich in unserem Appartement; der Sand, den ich nach dem kurzen Ringkampf in allen (Po-)Ritzen hatte, war abgeduscht. Ich hatte zum Glück daran gedacht, meine Sim-Karte zu sperren. Mittlerweile machte ich mit meinem Kumpel Simon schon wieder Witze darüber, ob wir mein Handy auf dem Touri-Markt gleich günstig angeboten bekämen … Es tat gut, die Hilflosigkeit losgeworden zu sein. Und ich spürte auch eine große Dankbarkeit, dass ich unversehrt war und dass ich meinen Geldbeutel mit Personalausweis und Kreditkarten im Appartement gelassen hatte. Alles war noch recht glimpflich abgelaufen. In Brasilien gelten sonst rauere Methoden, bei denen nicht selten Messer oder andere Waffen zum Einsatz kommen.

Ich dachte an die vier Männer. Sie waren dunkelhäutig, sahen heruntergekommen aus und lebten vermutlich in den kleinen Müllbergen am Strand. Während wir als reiche Touris am Strand saßen und übersteuerte Caipis schlürften, hatten sie vermutlich kaum genug Geld fürs Essen.

Ein Satz schoss mir in diesem Moment in den Kopf: „Bete für deine Feinde." Das hatte Jesus gepredigt. Mein Magen krampfte sich augenblicklich zusammen. *Das kann ich nicht. Und überhaupt, Jesus: Wo waren denn deine Schutzengel in diesem Moment?* Ich dachte wie ein trotziges Kind: *Wenn du mich, Gott, nicht beschützt, dann segne ich bestimmt nicht meine Feinde!*

An diesem Morgen spürte ich: Dort am Strand war etwas in mir zerbrochen – das Vertrauen in Gott. Dabei wusste ich es eigentlich ganz genau und habe es anderen immer wieder gepredigt: Christen haben kein problemloses Leben, aber sie haben jemanden, bei dem sie ihre Probleme loswerden können. Doch in diesem Moment war ich trotzig und sagte Jesus das auch. Ich war gekränkt und beleidigt. Und Jesus, der hielt das gut aus.

Am Abend fuhren wir zum Flughafen. Aus dem Taxifenster sah ich dunkle Gestalten vor ihren Wellblechhütten neben den Müllbergen. Und da traf es mich: das Mitleid. Ich hatte hier für über tausend Euro einen Urlaub, und diese Menschen dort hatten vielleicht nicht mal genug Geld fürs Essen. Nein, das rechtfertigt auf gar keinen Fall die Gewalt der vier Männer. Aber es zeigte mir, dass auch sie Opfer waren. Diese Kerle waren auch mal kleine Jungs, sind vielleicht auf der Straße aufgewachsen. Und ich dachte an Gott und wusste, dass er meine Feinde mit liebenden Augen anschaute. Mir kamen die Tränen, denn ich spürte, dass diese Gedanken nicht aus meinem wütenden und ängstlichen Herzen kamen, sondern aus dem Himmel. Und so schrieb ich noch am selben Abend diesen Satz in mein Tagebuch: „Ich vergebe ihnen." Denn so hatte ich Jesus bislang immer wieder erfahren: als jemanden, der mir vergibt, wenn ich Mist gebaut habe. Und dieser Jesus würde auch den vier Männern vergeben, wenn diese ihn darum bitten. Ich merkte, wie mein Herz wieder leichter wurde, als unser Flugzeug abhob.

Doch damit ist die Story noch nicht ganz zu Ende. Ich muss ergänzen, dass ich leider noch viele Jahre nach diesem Vorfall immer wieder Angst hatte, wenn ich alleine war. Seitdem bin ich auch vorsichtiger geworden. Mittlerweile ist die Wunde gut verheilt, und dabei hat mir der Glaube wirklich sehr geholfen. Aber dieser Tag in Rio hat eine Narbe in mir hinterlassen. Sie bleibt und gehört nun zu meinem Leben.

Ehrlich gesagt muss ich nicht mehr so schnell nach Rio reisen. Aber einen Grund hätte ich: die vier Männer zu suchen und ihnen zu sagen: „Eure Schuld ist euch vergeben! Gott sei Dank."

Chris Pahl

Ertragt einander und vergebt euch gegenseitig, wenn jemand euch Unrecht getan hat. Denn auch Christus hat euch vergeben.
Kolosser 3,13; Hfa

 Wer hat dir Böses angetan, dich mit Worten oder Taten verletzt? Bitte Gott, dir zu helfen, demjenigen zu vergeben. Das ist nicht leicht und braucht Zeit. Aber irgendwann wirst du es schaffen!

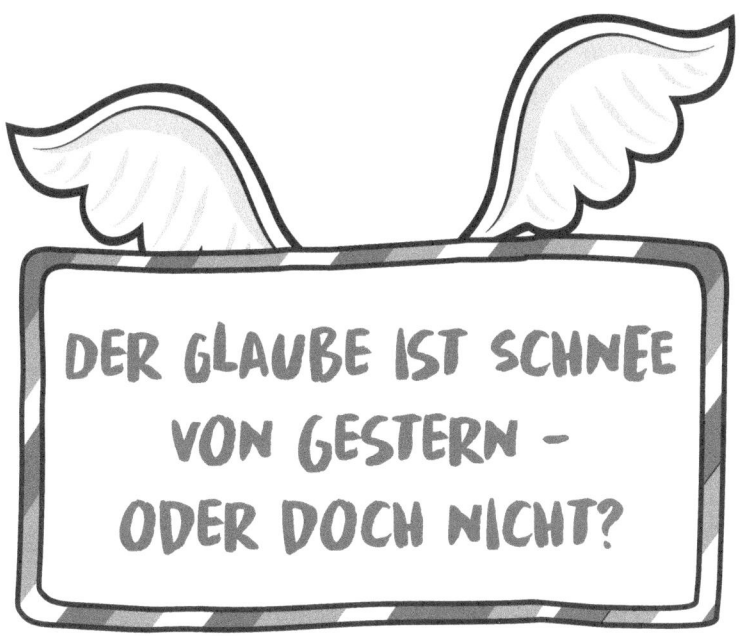

DER GLAUBE IST SCHNEE VON GESTERN – ODER DOCH NICHT?

Kennst du Cindy aus Marzahn? Dann weißt du, wo ich her-komme: aus Berlin-Marzahn. Da bin ich in den 1980er-Jah-ren aufgewachsen.

Damals gab es noch die DDR. Wir wohnten im dritten Stock in einer Plattenbau-Siedlung, und dort gab es auch Kindergärten, Schulen, eine Bibliothek, ein Schwimmbad, Einkaufszentren – alles ebenfalls Plattenbauten. Es gab dort fast alles, außer einer Kirche oder einem Gemeinde-zentrum – jedenfalls habe ich während meiner Kindheit dort nie so etwas gesehen. In der DDR war Religion nicht sehr angesagt. Alle Hinweise darauf wurden aus dem All-tagsleben verbannt. Deshalb hielt ich den christlichen Glauben für Schnee von gestern. Glaube, das war für mich ein Überbleibsel aus der Vergangenheit, ein Rest aus dem dunklen Mittelalter. *Irgendwo sind vielleicht noch ein paar alte Omas und Opas, die zum Gottesdienst gehen, aber mit denen wird das Christentum bald aussterben. Dann hat der ganze Hokuspokus und die blutige Geschichte endlich ein Ende ...* Ja, ich dachte damals wirklich: *Ohne Religion sind wir besser dran.*

Wir besaßen auch keine Bibel zu Hause. Ich hatte nur eine verschwommene Vorstellung, was da drin stehen könnte: die Heldentaten von Jesus, der ähnlich wie Superman die Welt rettet. Nur ohne großes „S" auf der Brust und ohne das rote Cape ... Hätte man mich damals gefragt, worum es an Ostern oder Weihnachten geht, hätte ich mit den Schultern gezuckt und geantwortet: „Geschenke und Ferien." Zum Glück hat niemand danach gefragt. Es gab ja auch sonst niemanden in meinem Bekanntenkreis, der Christ war ...

... bis auf ein Mädchen, das nur ganz kurz in meiner Klasse war. Sie war klein, pummelig, unscheinbar. An ihren Namen erinnere ich mich nicht mehr. Die sagte mir eines Tages: „Ich glaube an Gott."

„Wie jetzt?", fragte ich irritiert zurück. „Da kannst du auch gleich an den Weihnachtsmann glauben. Gott gibt es nicht."

„Doch, Gott gibt es. Und er passt auf mich auf. Das glaube ich ganz fest", erwiderte sie.

„Alles klar", gab ich zurück. „Schau dich doch mal um. Schon festgestellt, dass wir im 20. Jahrhundert leben?"

Schnell wurden weitere Mitschüler auf unsere Diskussion aufmerksam. Und dann redeten wir zu fünft oder sechst auf das kleine Mädchen ein, um sie zu überzeugen, dass sie mit ihrem Glauben total auf dem Holzweg ist.

Wenn ich heute darüber nachdenke, merke ich: Ich war damals echt fies zu ihr. Aber ich konnte es einfach nicht ertragen, dass jemand anders über diese Welt dachte als ich. Gott gibt es nicht! Basta! Und wer was anderes glaubt, ist weltfremd und verleugnet die Erkenntnisse der Wissenschaft.

Ich blieb ein eingefleischter Atheist, bis ich 18 Jahre alt war. Da änderte sich plötzlich alles. Nicht nur, dass es die DDR nicht mehr gab. Es fing mit einer völlig harmlosen Einladung an …

„Hast du Lust, nach Frankreich mitzukommen?", fragte mich Stefan eines Tages. Den kannte ich zwar seit einigen Jahren, aber bisher hatte ich kaum zwei Sätze mit ihm gewechselt.

„Nach Frankreich? Was ist denn da?", fragte ich.

„Da treffen sich im Sommer fünftausend Jugendliche aus ganz Europa und verbringen eine Woche miteinander."

„Klingt interessant. Was machen die denn da?"

„Sich kennenlernen. Miteinander feiern. Musik. Was man auf so einer Jugendfreizeit halt so macht."

Ich sagte zu. Mich faszinierte der Gedanke, Jugendliche aus so vielen verschiedenen Ländern kennenzulernen. Wie würden die so drauf sein? Worüber würden wir reden? Und mich interessierte auch, wie ihr Alltag in ihren Heimatländern aussah.

Dann kamen die Sommerferien. Wir fuhren unbequeme 18 Stunden lang mit einem Reisebus, bis wir mitten im französischen Nirgendwo ankamen.

„Wir sind gleich da", sagte mein Sitznachbar, und ich blickte gespannt aus dem Fenster.

Ich sah Hügel, die mit Weinstöcken bepflanzt waren, einige Dörfer, die recht verlassen aussahen, und eine Bushaltestelle mit einem rostigen, abgeknickten Schild. Kurz: Mir schwante, dass sich hier Fuchs und Hase nicht mal mehr „Gute Nacht" sagten.

Meine Befürchtungen bestätigten sich, als wir endlich auf den Busparkplatz fuhren und ausstiegen: keine Menschenseele. Alles ruhig. Man hätte die Grillen zirpen hören, wäre nicht der Lärm des Reisebusses gewesen, dessen Motor immer noch lief.

„Ich denke, hier sind fünftausend Jugendliche aus ganz Europa, um miteinander zu feiern? Wo sind die denn alle?", fragte ich meinen Sitznachbarn, der mich jetzt mit befremdeten Augen musterte. „Die sind in der Kirche, wo sonst?"

Mir fiel das erste Mal die Kinnlade herunter. „In der Kirche??? Wo soll die denn sein?"

„Da drüben. Der Holzbau mit den Zwiebeltürmen."

Ich blickte in die angegebene Richtung und sah eine Holzkonstruktion, die alles Mögliche hätte sein können – wie eine Kirche sah die jedenfalls nicht aus. „Und die gehen alle freiwillig da rein?", fragte ich etwas bestürzt.

„Klar. Ich gehe jetzt auch da hin. Die Andacht hat gerade erst begonnen. Kommst du mit?"

Da fiel mir die Kinnlade noch ein Stückchen weiter herunter. Ein Jugendlicher in meinem Alter, der freiwillig eine Kirche betrat? Das konnte ich mir beim besten Willen nicht vorstellen!

Ich schüttelte den Kopf und erwiderte: „Nein, danke. Lass mal."

„Macht nichts. Du hast ja noch genug Gelegenheiten dazu. Die Andachten sind dreimal am Tag."

Jetzt landete meine Kinnlade komplett auf dem Boden. Mir schwirrte der Kopf. *Dreimal am Tag in die Kirche rennen? Das hältst du doch im Kopf nicht aus! Wo bin ich hier nur hineingeraten?*

„Wie heißt der Ort hier eigentlich?"

Wieder dieser seltsame Ausdruck in den Augen meines Sitznachbarn. Dann erwiderte er: „Taizé."

Er wartete noch kurz, ob ich doch mitkommen würde. Aber als ich keine Anstalten machte, zuckte er kurz die Schultern und ließ mich allein zurück.

Davon hatte Stefan überhaupt nichts gesagt. Kein Sterbenswörtchen! Hätte ich das vorher gewusst, wäre ich definitiv nicht mitgekommen. Was sollte ich bei einer Horde Spinnern, die dreimal am Tag zur Andacht in eine Kirche rennen?

Nach Hause konnte ich auch nicht fahren: Ich war mitten in der Pampa gelandet, wo vielleicht einmal am Tag ein rostiger Bus vorbeifuhr. Ich machte mir nichts vor: Ich war hier die nächste Woche gestrandet.

Drei ganze Tage hielt ich durch, die Kirche *nicht* zu betreten. In dieser Zeit erfuhr ich, was es mit diesem Ort auf sich hatte. Eine Bruderschaft lebte hier und lud das ganze Jahr über Jugendliche aus ganz Europa ein, ihren „Pilgerweg des Vertrauens" für eine Woche mitzugehen. Die Männer hatten sich für ein Leben in Armut entschieden und wollten nicht für sich selbst, sondern für andere leben. Für mich war das ein Lebenskonzept, von dem ich vorher noch nie gehört hatte. Bisher hatte sich alles um mich gedreht, aber hier war das alles anders …

Ich lernte natürlich auch viele Jugendliche verschiedener Nationalitäten kennen, die allesamt ein Ziel hatten: sich kennenzulernen und auszutauschen. Mich faszinierte es, dass es trotz aller Unterschiede friedlich und fröhlich zuging. Wenn ich beispielsweise in der Schlange für das Mittagessen anstand, fing sofort jemand ein Gespräch mit mir an.

„Hi, wo kommst du her?"

„Aus Deutschland", antwortete ich. „Warte. Nicht verraten. Du kommst bestimmt aus Polen?"

„Falsch. Ich bin aus Slowenien."

„Und wie lange warst du bis hierher unterwegs?"

Ein Seufzen. Ein Lächeln. „Zwei lange Tage in einem Reisebus ohne Klimaanlage."

Warum nimmt jemand diese Strapazen auf sich, um hierher zu kommen? Für die Sommerferien kann man sich wahrlich Besseres vorstellen. Ich bin ja nicht freiwillig hier … „Und warum bist du hier?", fragte ich weiter.

„Ich bin Christ und finde, dass man hier in Taizé ganz toll beten und zu sich selbst finden kann."

Inzwischen hatte ich mich vom ersten Schock erholt und meine Kinnlade etwas besser im Griff. Eine solche Antwort hörte ich öfters. Mich faszinierte es, dass es offensichtlich in Europa ganz viele Leute in meinem Alter gab, die an Gott glaubten – und das auch ernst meinten. Und ich wunderte mich darüber, dass die ganze Atmosphäre hier völlig anders war, als ich es von zu Hause kannte. Die Leute waren nett, freundlich, einander zugewandt. Es lag Wärme und Hoffnung in der Luft, wie ich sie vorher nie gespürt hatte.

Aber ich setzte nach wie vor keinen Fuß in die Kirche. *Drei Andachten am Tag! Wie wahnsinnig muss man eigentlich sein?!*

Am Mittwochabend hielt ich es jedoch nicht mehr aus. Ich gab meinen Kirchenboykott auf, denn es war mir schlicht zu langweilig, ständig allein draußen zu hocken und darauf zu warten, dass alle anderen wieder aus der Kirche kamen. Außerdem: Irgendetwas Interessantes musste doch dort geschehen, wenn die Leute da ständig hinrannten ... Also fasste ich mir ein Herz und ging zur Abendandacht hinein in die eigenartige Holzkirche.

Als ich drin war, bestätigte sich mein erster Eindruck: überhaupt nicht wie eine Kirche. Nicht, dass ich vorher je eine von innen gesehen hätte, aber es gab hier weder Stühle noch Bänke, nur einen Holzboden, auf dem bereits viele Leute Platz genommen hatten. Sofort nahm mich die Atmosphäre gefangen. Vorn waren in einer Art Wand aus übereinandergestapelten hohlen Keramikwürfeln Kerzen aufgestellt. Schmale orangefarbene Tücher, die nach unten immer breiter wurden, hingen von der Decke. Alles war in einen leicht rötlichen Farbton getaucht. Es gab nur leises Geraschel und Getuschel, obwohl megaviele Menschen in der Kirche waren. Und alle wirkten sehr erwartungsvoll.

Dann erklang das erste Lied. Die Melodie, die von etwa fünftausend Stimmen getragen wurde, berührte mich total, sie ging direkt in mein Herz. Mir lief eine Gänsehaut über den Rücken! Es folgten weitere Lieder, kurze Gebete, die in unterschiedlichen Sprachen wiederholt wurden, und eine Zeit der Stille. Zum ersten Mal in meinem Leben verbrachte ich Zeit mit mir selbst – innerhalb dieser riesigen Menge von jungen Menschen. Unabgelenkt von all den Dingen, die sonst meine Aufmerksamkeit fesselten, kam ich erstmals in Kontakt mit meinem Herzen, meinen Gefühlen, meinen Gedanken. Es war eine so eindrückliche und bereichernde Erfahrung, dass ich ab diesem Zeitpunkt zu jeder Andacht ging – außer morgens, das war mir zu früh, da stand ich erst zum Frühstück auf.

Langsam fing ich an nachzudenken: *Ich sehe hier so viele lebendige junge Leute, die echt an Gott glauben. Das sind keine Omas und Opas. Das war also nur ein Vorurteil, das vorn und hinten nicht gestimmt hat. Vielleicht stimmen meine anderen Überzeugungen auch nicht?*

In Taizé kam ich auch zum ersten Mal in meinem Leben persönlich in Kontakt mit der Bibel. Es gab jeden Vormittag eine Einführung in einen biblischen Text, und am Nachmittag wurde in kleinen Gesprächsgruppen darüber gesprochen, natürlich international und auf Englisch.

In den Bibeltexten ging es um Petrus, den „Superman", der Jesus auf dem Wasser entgegenläuft und dann versinkt – den Superman also, der mit breiter Brust verkündete, Jesus bis in den Tod zu folgen, aber kurz darauf behauptete, ihn gar nicht zu kennen. Ein richtiger Antiheld! Ich verstand zwar nicht viel von dem, was da in meiner Gruppe diskutiert wurde, aber ich begriff: Da wurde wieder eins meiner

Vorurteile gründlich zerlegt: In der Bibel geht es nicht um Superhelden, sondern um Menschen wie du und ich.

Die Woche, die bis zum Mittwoch nur so dahingeschlichen war, verging nun wie im Flug. Als ich wieder zu Hause war, schwebte ich mehr durch Marzahn, als dass ich ging. Alles war so wie vorher, und doch war alles anders geworden. Etwas in mir war erwacht, das ich nicht benennen konnte. Ein neuer Horizont hatte sich aufgetan, für den ich bisher blind gewesen war. Ich erkannte eine bisher ungeahnte Tiefe, eine Ruhe und Geborgenheit, die ich vorher nie gespürt hatte. Ich war erfüllt von einer neuen, lebendigen Kraft.

Es dauerte noch über ein Jahr, bis ich endlich begriff: Gott gibt es wirklich, und er ist in mein Leben getreten. Jesus Christus hat mich bei meinem Namen gerufen und wird nicht mehr von meiner Seite weichen. Nie mehr werde ich allein und wie von einem namenlosen Schicksal in diese Welt hineingeworfen durch dieses Leben gehen müssen.

Bald wurde mir auch klar: Es gibt eine Möglichkeit, diese Erkenntnis für mich und für alle sichtbar festzumachen – ein Zeichen, das mich selbst immer wieder daran erinnern würde, dass Jesus in mein Leben getreten ist: die Taufe. So ganz genau kann ich gar nicht erklären, warum plötzlich alles in mir diesen Wunsch verspürte, mich taufen zu lassen. Kennst du das Gefühl, etwas unbedingt haben zu wollen, ein neues Smartphone oder das T-Shirt deiner Lieblingsband? So ungefähr fühlte ich mich. Ich wollte mich unbedingt taufen lassen als Geschenk Gottes für mich.

Als meine Freunde davon erfuhren, wunderten sie sich natürlich alle. „Waaas? Du lässt dich taufen?!"

Selbst für mich ist es bis heute fast nicht zu glauben, dass ich zum Glauben gefunden habe. Wenn ich von Skeptikern gefragt werde, antworte ich immer: „Es muss Gott geben, denn sonst wäre ich als eingefleischter Atheist niemals zum Glauben gekommen."

Jahre später fragte ich Stefan, meinen Mitschüler, der mich damals nach Taizé eingeladen hatte, warum er mir vorher von der christlichen Sache nie etwas erzählt hatte. Er antwortete: „Für mich war das ganz normal. Ich kam gar nicht auf den Gedanken, dass das ein Problem für dich sein könnte."

Dieses einschneidende Erlebnis im französischen Nirgendwo liegt nun schon über zwanzig Jahre zurück. Inzwischen bin ich Pastor geworden, und ich bin mit meiner Frau und meinen Kindern schon öfters in Taizé gewesen – und sie sind genauso begeisterte Taizé-Gänger geworden wie ich.

Tilo Linthe

 Ändert euer Leben und glaubt dieser guten Nachricht!
Markus 1,15; Hfa

Warum bist du Christ – ein Nachfolger von Jesus? Und wenn du noch skeptisch bist: Was hält dich davon ab, an Gott zu glauben?

DAS ERSTE MAL ALLEIN AUF EINER FREIZEIT

Manchmal kommt Gott einem sehr weit weg vor. Manchmal fühlt es sich sogar so an, als sei er gar nicht da. Dieses Gefühl habe ich oft – und doch gibt es da auch diese Situationen, in denen man auf einmal erkennt, dass man doch nicht allein ist.

Bei mir war das so, als ich mit zwölf Jahren das erste Mal allein auf eine christliche Freizeit gehen wollte.

Ich muss ehrlich zugeben: Schon die Suche nach einer passenden Freizeit war schwieriger als gedacht, denn meistens sind die Freizeiten unterteilt in „für Kinder" und „für Jugendliche". Das bedeutet, dass ich mit meinen zwölf Jahren noch nicht auf Teenager-Freizeiten konnte. Und die Älteste auf Kindercamps wollte ich auch nicht sein. Zudem wollte meine Mutter mich nur zu einem „seriösen" Anbieter lassen (*seufz*) ...

Und so habe ich gesucht und gesucht. Ich hätte fast schon aufgegeben, aber dann fand ich zum Glück doch eine Freizeit, die sich bei genauerer Betrachtung als wahrer

Glückstreffer erwies! Erstens war sie für Kinder von 10 bis 14 Jahren – also wäre ich dort ein perfektes „Mittelding", zweitens war sie von einem Veranstalter, den meine Mutter kannte, drittens fand sie zu einer passenden Zeit (Anfang der Sommerferien) statt – und viertens: Der Ort lag nicht mal eine Stunde von meinem Wohnort entfernt! Besser hätte es nicht sein können. Und so meldete ich mich an.

Ehrlich gesagt hatte ich dann aber doch ein bisschen zu sehr Angst, allein da hinzufahren, weil ich echt niemanden kannte. So fragte ich eine Freundin und meine zwei Jahre jüngere Schwester, ob sie nicht auch Lust hätten mitzukommen. Aber beide wollten nicht. Tolle Unterstützung! Doch ich hielt trotzdem an meinem Plan fest.

Mit der Zeit jedoch meldeten sich bei mir Zweifel, ob es wirklich eine gute Idee war, mich anzumelden. Je näher der Termin rückte, desto nervöser wurde ich. *Was, wenn ich dort keine Freunde finde? Was, wenn ich mich furchtbar blamiere? Was, wenn das Programm richtig doof ist? Was, wenn die Freizeit ein echter Reinfall wird?*

Aber ich dachte mir dann: *Hey, genau, wenn man das denkt, kann Gott das Beste daraus machen!*

Ich habe dann angefangen zu beten, wenn ich mal wieder Angst hatte. Ich meine, wer hat so was schon besser in der Hand als Gott?

Und rückblickend muss ich sagen, dass es eine der besten Entscheidungen meines Lebens war, dorthin zu gehen. Ich hatte von Anfang an gemerkt, dass Gott wirklich alles zum Guten wenden kann, wenn wir ihn darum bitten. Die Leute und das Programm waren einfach klasse! Sofort hatte ich Anschluss und neue Freunde gefunden, die sich um mich kümmerten, weil sie nicht das erste Mal auf der Freizeit waren. Die neun Tage waren ein Traum – einfach, weil ich dort so viele coole Menschen kennengelernt habe, viel Spaß hatte, aber auch über Gott einiges lernen durfte. Gott hat meine Gebete erhört und meiner Angst gezeigt, dass sie falsch lag!

In den letzten drei Jahren war ich jeden Sommer auf dieser Freizeit, und es hat sich jedes Mal gelohnt. Wirklich! Einmal wurde ich sogar Zeuge eines echt coolen Wunders, als wir in der Gruppe für ein Mädchen beteten, dass es aufs Gymnasium wechseln darf. Zwei Tage später erzählte das Mädel uns freudestrahlend, dass ihre Eltern angerufen und den Schulwechsel erlaubt hätten. Genial! Ich war auch dabei, als meine Freundin nach ihrer Bekehrung angefangen hat zu weinen ...

Auf jeder Freizeit konnte ich Gott erleben. Und mit vielen Leuten, die ich da kennengelernt habe, habe ich auch jetzt noch Kontakt, und mit einigen bin ich sogar immer noch befreundet.

Ich möchte dich ermutigen: Wage dich hin und wieder auch heraus aus deiner Komfortzone und probier etwas Neues aus! Und wenn du dabei Angst hast: Bete, denn Gott wird dich hören. Vielleicht antwortet er nicht so, wie du dir das vorstellst, aber er wird dich begleiten. Hab Mut. Du weißt nie, wie die Sache ausgegangen wäre, wenn du es nicht versucht hättest.

Und wenn du dich in ein neues Gebiet vorwagst, dann lerne jedes noch so kleine Wunder das du erlebst, zu

schätzen. Denn eins ist sicher: Dahinter verbirgt sich ein
großer Gott!

Svenja Winter (Pseudonym)

 *Der Herr selbst geht vor dir her. Er steht dir bei
und verlässt dich nicht. Immer hält er zu dir.
Hab keine Angst und lass dich von niemandem
einschüchtern!*
5. Mose 31,8; Hfa

 *Wenn Herausforderungen auf dich zukommen,
welche Situationen machen dir Angst? Wage es
trotzdem, und vertraue Gott immer wieder deine
Sorgen- und Angstgedanken an.*

Gott spricht

Ich stell mich zu den Mutigen.
Sie sehen die Chance und stürzen sich hinein.

Ich stell mich zu den Zögernden.
Sie sehen die Chance, trauen sich aber nicht.

Ich stell mich zu den Besonnenen.
Sie sehen die Chance und wägen ab.

Ich stell mich zu dir,
zu deinen Hoffnungen und Abenteuern,
zu deinen Ängsten und Unsicherheiten,
zu deinen Überlegungen und Fragen.

Ich bin bei dir.

Text aus der Netzgemeinde „dazwischen"

WUNDER IN DER NOTAUFNAHME

Ich sprühte großzügig Schimmelreiniger auf einen besonders hässlichen Fleck und begann zu schrubben. Der bei-
ßende Geruch des Putzmittels stieg mir in die Nase.

Mit meinen Freundinnen war ich übers Wochenende
in ein Freizeitlager gefahren, um dort zu helfen. Das Camp
liegt auf einer Lichtung mitten in einem Wald. Es ist ein
großartiger Ort, um zehn Tage Freizeit dort zu verbringen.
Tagsüber schwingst du an Lianen durch die Turnhalle,
schießt Tennisbälle aus einer Kanone und versuchst, Fuß-
ball auf einer riesigen, eingeseiften Plane zu spielen. Nachts
schläfst du, umgeben von rauschenden Tannen, mit sechs
anderen in einem Zelt.

In der folgenden Woche sollte die Freizeitsaison für
dieses Jahr starten. Ich würde zwar nicht mehr als Teil-
nehmer mitfahren, aber als Mitarbeiter hatte man ja mindestens genauso viel Spaß. Deshalb kniete ich an diesem
Samstagnachmittag auf dem Flur der Mädchentoilette
und bekämpfte den Schimmel. Morgen würden wir für ein

paar Tage nach Hause fahren, und dann würde ich zum Camp zurückkehren, um die besten Wochen des Jahres zu erleben. Was sollte schon schiefgehen? Eine ganze Menge, wie sich herausstellte. Und das hatte ich alles nur meiner eigenen Dummheit zu verdanken …

Nach den Mädchentoiletten war das alte Bastelzimmer an der Reihe. Meine anderen Freundinnen waren bereits fleißig bei der Arbeit. Anhand der nassen Flecke an den Wänden konnte man sehen, wo sie schon gearbeitet hatten und wo nicht. Die Stellen direkt unter der Decke waren noch schwarz vor Schimmel, also schnappte ich mir einen herumstehenden Stuhl und platzierte ihn vor der Wand.

Vicky bemerkte, was ich vorhatte, und sah mir stirnrunzelnd zu. „Bist du sicher, dass das eine gute Idee ist? Wir können auch eine Leiter holen."

„Ach was." Ich nahm mein Putzzeug und stellte mich auf den Stuhl. Er wackelte ein bisschen, aber wenn ich es ausbalancierte, ging es. „Ich brauche keine Leiter."

Das war mein erster Fehler.

Zunächst ging alles gut und ich kam super voran. War ich mit der einen Stelle fertig, stieg ich vom Stuhl runter, schob ihn ein Stück weiter und kletterte wieder hoch. Dann kam ich an einen ziemlich großen Fleck. Ich musste mich ganz schön strecken, um ihn zu erreichen. Unter mir stand ein zweiter Stuhl an der Wand. Ich stellte also meinen linken Fuß auf den anderen Stuhl und streckte mich, um den Fleck zu entfernen.

Das war mein zweiter Fehler. Vielleicht hatte das Schimmelspray mein Gehirn schon so vernebelt, dass ich nicht mehr vernünftig denken konnte. Vielleicht war ich auch einfach nur zu ungeschickt, mich auf zwei wackligen Stühlen in die Höhe zu strecken. Plötzlich klappte der Stuhl unter meinem linken Fuß weg und ich stürzte. Zuerst war ich zu benommen, um etwas zu spüren. Dann setzte der Schmerz in meiner linken Hand und in meinem Oberschenkel ein.

Ich biss die Zähne zusammen und versuchte zu lachen, um meinen Freundinnen zu zeigen, dass mir nichts passiert war. Aber ohne dass ich es wollte, stiegen mir Tränen in die Augen. Der Schmerz in meiner Hand fühlte sich komisch an und wollte einfach nicht nachlassen.

„Kannst du die Finger bewegen?", fragte Vicky mich.

Doch der pochende Schmerz verhinderte das.

„Ich glaube, du solltest besser ins Krankenhaus fahren, um die Hand röntgen zu lassen. Es kann gut sein, dass sie gebrochen ist", meinte Vicky.

Ich starrte sie an. Gebrochen? Klar, sie war Krankenschwester, sie kannte sich aus. Aber ich hatte mir noch nie etwas gebrochen. Und außerdem war ich doch nur vom Stuhl gefallen!

In der Notaufnahme des Krankenhauses wurde ich sofort geröntgt. Und auf dem Bild konnte sogar ich den Bruch genau sehen. Konnte ich jetzt überhaupt noch als Mitarbeiterin auf die Freizeit fahren?

Schließlich wurde ich in das Büro des Arztes gebeten. „Wie Sie hier auf dem Röntgenbild sehen können, haben Sie eine Fraktur im fünften Mittelhandknochen Ihrer linken Hand", meinte er. „Aber zum Glück handelt es sich um einen glatten Bruch, was bedeutet, dass wir den Bruch nicht richten müssen."

Ich nickte erleichtert. Das waren gute Neuigkeiten. Ich bekam eine Schiene angelegt, noch ein paar Schmerztabletten in die Hand gedrückt, und dann konnten wir das Krankenhaus wieder verlassen.

Während des Abendessens dachte ich darüber nach, was meine Mutter wohl zu meiner Hand sagen würde. Ich beschloss, ihr nicht zu schreiben, was passiert war. Sie würde sich nur unnötig Sorgen machen. Morgen würden wir nach Hause fahren, und dann würde ich es ihr zeigen. Würde sie mich überhaupt zurück zum Camp fahren lassen? Und mir kam noch eine viel unangenehmere Frage in den Sinn: Würde der Freizeitleiter Kevin mich überhaupt als Mitarbeiterin mitfahren lassen?

Fünf Tage später rollte unser Gemeindebulli auf das Camp-Gelände. Meine Mutter hatte mich tatsächlich zur Freizeit fahren lassen! Und auch Kevin hatte nichts dagegen, im Gegenteil: Er freute sich, dass ich dabei war.

Die sechs Mädels, die in meinem Zelt schlafen würden, waren schon da. Sie waren total lieb und überließen mir das einzeln stehende Bett, damit ich mit meinem Arm nicht auf eines der Stockbetten klettern musste.

Am Ende des ersten Tages ging ich dankbar schlafen. Meine Mädels waren super. Sie hatten Verständnis dafür, dass ich nicht mit ihnen Volleyball spielen konnte, und sie halfen fleißig mit, wenn das Zelt aufgeräumt werden musste. Diese Freizeit würde trotz meiner gebrochenen Hand gut werden, da war ich zuversichtlich. Gott konnte mich auch so gebrauchen. Als wir vier Tage später einen Ausflug machten, war ich mir da nicht mehr so sicher …

An diesem Tag waren wir mit allen Freizeitteilnehmern in Richtung einer alten Bahnstrecke unterwegs. Dort würden wir eine Draisinenfahrt unternehmen. Eine Draisine besteht aus zwei Fahrrädern auf Schienen, die an einer Sitzbank befestigt sind. Man kann sich also zu viert auf so ein Gefährt setzen. Zwei müssen dann strampeln, um die Draisine vorwärtszubewegen, und zwei sitzen auf der Bank und lassen sich den Fahrtwind ins Gesicht wehen.

So fuhren wir also in Vierergrüppchen auf den alten Bahnschienen lang.

„Leute, ich kann nicht mehr! Will mich jemand ablösen?", fragte Karina plötzlich, die keuchend auf einem der Fahrräder saß.

Ich stand auf. „Klar, ich kann jetzt wieder ein bisschen treten."

Karina kletterte vorsichtig vom Fahrrad herunter und setzte sich auf die Bank. Eigentlich sollte man den Fahrer nicht während der Fahrt wechseln, aber es hätte zu lange gedauert, wenn wir jedes Mal eine Pause gemacht hätten.

Ich hielt mich also mit meiner gesunden Hand am Lenker fest und wollte mich auf den Sitz schwingen, indem ich mich mit dem Fuß auf das Pedal stellte.

Eine dumme Idee. Und diesmal konnte ich meine Ungeschicklichkeit nicht auf ein vernebeltes Gehirn schieben.

Ich rutschte mit meinem Fuß vom Pedal, das sich während der Fahrt natürlich drehte, verlor die Balance, weil ich noch nicht richtig auf dem Sitz saß, und rutschte seitlich von der Draisine, die gerade eine ordentliche Geschwindigkeit draufhatte. Jemand begann zu schreien. Ich hing mit meiner gesunden Hand noch am Lenker und versuchte, mich hochzuziehen. Mein linker Fuß schleifte schon am Boden, aber mein rechter Fuß hing irgendwo fest. Ich musste den Lenker loslassen, um mich zu befreien. Ich überlegte nicht lange und ließ los. Mein Fuß wurde frei, kam aber unter die Räder der Draisine, als ich fiel. Nun hatte ich also nicht nur eine gebrochene Hand, sondern wahrscheinlich auch einen gebrochenen Fuß …

Und wieder saß ich in der Notaufnahme des Krankenhauses. Die blauen Flecken und Kratzer an meinen Armen taten weh, aber viel mehr machte ich mir um meine Hand und meinen Fuß Sorgen. Hatte sich der Bruch in meiner Hand bei dem Sturz verschoben? Und was war mit meinem Fuß?

Nach meinem Sturz von der Draisine war ich überraschend schnell wieder auf die Füße gekommen. Ich konnte meinen Fuß belasten, aber der Knöchel tat weh, schließlich war ja eine ganze Draisine darüber gerollt!

Ich schloss die Augen und betete. Dass der Fuß heil war. Dass der Bruch in meiner Hand sich nicht verschoben hatte. Dass ich auf der Freizeit bleiben konnte. Und dass ich verstand, warum das alles passiert war.

Der Arzt zeigte mir die neuen Röntgenaufnahmen von meiner Hand, und ich stellte erleichtert fest, dass die Knochen an ihrem Platz geblieben waren.

„Und nun zeigen Sie mir mal Ihren Fuß. Was ist denn passiert?"

Ich schilderte dem Arzt meinen Unfall und zog dabei meinen Sportschuh und meine Socke aus.

Stirnrunzelnd untersuchte er meinen Fuß, tastete ihn ab und ließ mich ihn hin und her bewegen. Dann betrachtete er die Röntgenbilder. „Und da soll so ein großes Ding drübergefahren sein?" Er schüttelte den Kopf. „Das geht ja gar nicht. Dann wäre der Fuß jetzt ab."

Das hatte ich eigentlich auch gedacht.

„Nein, nein. Das Ding ist vielleicht gegen den Fuß gefahren, aber nicht darüber. An Ihrem Fuß ist gar nichts, höchstens eine leichte Beschädigung der Knochendecke."

Ich zog meine Socke und meinen Schuh wieder an. An der weißen Sohle und am hellen Stoff des Sportschuhs waren deutliche Rostspuren zu sehen, wo die Draisine über meinen Fuß gerollt war. Aber ich sagte nichts. Ich wusste, was geschehen war, auch wenn der Arzt es nicht glauben wollte. Ich wusste, dass Gott mich bewahrt hatte.

Und noch etwas wurde mir Stück für Stück immer klarer: Für Gott sind körperliche Einschränkungen und sonstiges Unvermögen keine Hindernisse, im Gegenteil: Er will mich gerade dann gebrauchen, wenn ich aus eigener Kraft nicht viel tun kann. Bisher hatte ich alles selbst machen und schaffen wollen und war frustriert, wenn etwas nicht klappte. Aber nun begriff ich: So, wie ich mit meiner gebrochenen Hand auf Hilfe von anderen angewiesen war, musste ich mir auch von Gott helfen lassen. Ich war nicht als Mitarbeiterin auf dem Camp, um die Dinge aus mir heraus zu tun, sondern voll und ganz auf Gott angewiesen. Und ich musste ihm vertrauen, dass er die Gespräche mit „meinen Mädels" lenkt und leitet. Denn nur er kann bewirken, dass Herzen von seiner Liebe berührt und verändert werden.

Ja, auf der Camp-Freizeit habe ich wirklich Gottes Wirken erlebt – und gelernt, noch mehr auf seine Hilfe zu bauen!

Dorothea Balzer

 Von allen Seiten umgibst du mich und hältst deine Hand über mir.
Psalm 139, 5; LU

 Wo hast du Gottes schützende Hand schon erlebt? Hast du schon mal den Gedanken gehabt, dass du eine Sache nur mit Gottes Hilfe schaffen kannst?

JESUS, MEIN LEBENSRETTER

Ich bin in einem christlichen Elternhaus aufgewachsen und wusste eigentlich schon als kleines Kind, dass es einen Gott gibt, der auf mich aufpasst und mir hilft. Doch obwohl ich mit dem Kopf wusste, dass ich geliebt bin, konnte ich das nie so wirklich im Herzen glauben.

Als ich so zwischen 14 und 16 Jahre alt war, hatte ich immer wieder das Gefühl, als Person nicht auszureichen, weil ich nicht fehlerlos, nicht perfekt war. Ich dachte immer wieder voller Sorge, dass ich anderen zur Last fallen oder sie enttäuschen könnte, eben, weil ich nicht gut genug war.

Meine Gedanken kreisten irgendwann nur noch um dieses eine Thema, und ich wurde depressiv. Ich heulte jeden Tag und hatte immer öfter Selbstmordgedanken. *Die Welt braucht mich doch eh nicht. Die Menschen um mich herum müssten sich nicht mehr um mich sorgen, wenn ich nicht mehr da wäre.* So dachte ich!

Ich war verloren in meinem Gedankenkarussell. Eines Tages habe ich mich so einsam, verloren und vor allem nutzlos gefühlt, dass ich heulend durch einen Wald in unserer Nähe gelaufen bin – so lange, bis ich voller Tränen in den Augen am Rand eines Steinbruchs angekommen war. Ich war entschlossen, jetzt meinem Leben ein Ende zu setzen.

Doch Gott war da. Ich habe auf einmal immer wieder gehört (ich weiß nicht, ob es nur in meinen Gedanken war oder ob ich eine echte Stimme hörte): *Bring dich nicht um. Du bist genug und von Gott geliebt!*

Aber da war auch noch eine andere Stimme, die mich immer wieder runtergemacht hat. In diesem Moment wusste ich: Ich muss kämpfen. Gegen das Böse, gegen alles Negative, gegen das, was die Depression in mir ausgelöst hat. Aber ich war mir ganz sicher, dass Gott *mit mir* kämpfen wird. Ich habe das einfach gespürt. Es war wie eine Wärme, die sich in mir ausgebreitet hat.

Ich bin auf den Boden gesunken, habe gebetet und weiter geheult, aber diesmal aus Freude darüber, dass Gott bei mir ist und er mich liebt. Dass er *für mich* ist. Dass er mich gerettet hat.

Es gibt in der Bibel einen Vers, der mir bis heute sehr wichtig ist:

Darum liebt ihn von ganzem Herzen und mit ganzem Willen, mit ganzem Verstand und mit ganzer Kraft. Das Zweite ist: Liebe deine Mitmenschen wie dich selbst! Es gibt kein Gebot, das wichtiger ist als diese beiden.
Markus 12,30 – 31; GN

Als ich so verzweifelt war und dachte, dass ich nicht genug bin, habe ich nicht verstehen können, dass die Worte „ …wie dich selbst" bedeuten, *sich selbst* zu lieben. Und dass dies genauso wichtig ist wie die Liebe zu seinen Mitmenschen. Natürlich sollen wir demütig bleiben und nicht selbstverliebt werden, doch Gott möchte nicht, dass wir uns selbst niedermachen. Er möchte, dass wir unseren Wert erkennen. Denn in seinen Augen sind wir alle total wertvoll! Er liebte uns nämlich schon, bevor wir geboren wurden, und das bedeutet: Wir müssen Gott keine Gegenleistung bringen. Er liebt uns bedingungslos. Für immer.

Wir sind also für Gott „genug", ja, sogar mehr als das: Wir sind unglaublich wertvoll in seinen Augen! Das habe ich mir dann auf einen Zettel geschrieben und ihn dort hingelegt, wo ich diese Worte immer wieder lesen kann.

Ja, ich kann wirklich sagen, dass Gott mein Lebensretter ist, und dafür bin ich ihm unglaublich dankbar. Auch dafür, dass er mich immer wieder rettet. – Er rettet mich eigentlich ständig: wenn ich die Hausaufgaben vergesse und sie dann nicht abgefragt werden … Wenn es mir mal wieder richtig schlecht geht und er mich zum Trost etwas Witziges erleben lässt. Oder wenn ich irgendetwas verliere und er mir hilft, es wiederzufinden, nachdem ich gebetet habe. Andere würden sagen: „Das sind doch alles Zufälle oder Glücksfälle!", aber ich glaube, dass es Wunder sind.

Mich selber zu lieben, ist für mich immer noch schwierig, aber ich arbeite daran. Gott hilft mir, schenkt mir Hoffnung und neuen Mut, und durch ihn fange ich langsam an, von innen zu heilen. Und weiter zu kämpfen. Und auch mir selbst zu vergeben und mich anzunehmen, so wie ich bin. All das könnte ich jedoch nicht, wenn ich nicht beten und Gott vertrauen würde. Aber ich weiß: Er macht es gut!

Liane Müller (Pseudonym)

 Ich habe dich je und je geliebt, darum habe ich dich zu mir gezogen aus lauter Güte.
Jeremia 31,3; LU

 Vergiss nie: Gott liebt dich – bedingungslos! Egal, wie du dich gerade fühlst. Für ihn musst du nicht fehlerlos, erfolgreich, perfekt oder sonst was sein. Er nimmt dich an, so wie du bist.

P.S.: Wenn du dich länger als zwei Wochen depressiv fühlst, stark unter Ängsten leidest oder den Gedanken hast, nicht mehr leben zu wollen: Hol dir unbedingt Hilfe bei einer Therapeutin oder in einer psychologischen Beratungsstelle.

GOTTES LIEBESPFEIL

Ich war verliebt. Das wusste ich schon länger. Ich hatte sie bei einer Grillparty getroffen, und seither hatte sie sich in meinen Gedanken eingenistet. Ich musste ständig an sie denken, und ihr Facebook-Profil war wohl lange Zeit die am meisten angeklickte Seite in meinem Browser. Tatsächlich hatte ich sogar den Mut gefunden, sie öfter mal zu kontaktieren, und sporadisch schrieb sie mir sogar zurück. Aber alle Bemühungen, sie auf ein Date einzuladen, scheiterten kläglich. Nach mehreren solchen Versuchen brachte ich es dann endlich übers Herz, ihr meine Liebe zu gestehen. Aber auch das änderte die Situation nicht: Sie war nicht an mir interessiert und gab mir auf nette, aber bestimmte Art einen Korb. Das war hart, aber das Leben ging weiter. Schließlich gab es ja auch noch andere hübsche Frauen. Aber trotz aller Bemühungen bekam ich sie einfach nicht aus meinem Kopf.

Nach einem Jahr Funkstille entschloss ich mich, es doch noch mal zu versuchen. Was hatte ich schon zu verlieren? Ich nahm all meinen Mut zusammen und schickte ihr einen handgeschriebenen, dreiseitigen Brief ins Ausland, wo sie sich gerade befand.

Es war eine klare Ansage. Aus irgendeinem unerklärlichen Grund war der Brief aber leider nicht bei ihr angekommen. 42 Tage lang wartete ich jeden Tag auf eine Antwort. Aber nichts geschah. In meinem Kopf malte ich mir alle möglichen Szenarien aus, bis ich dann all meinen Mut zusammennahm und ihr das Ganze noch mal per E-Mail schickte. Daraufhin bekam ich eine Antwort, die ich in einem Lied so beschrieb:

Und dann plötzlich im März, in drei knappen Sätzen,
als die Wahrheit mein Herz erfasste, zerfetzte,
war nicht mehr viel übrig von dem starken Ritter,
ein Haus und kein Garten, der Held wurde bitter.

Ich war am Boden zerstört. Zum zweiten Mal von derselben Frau einen Korb zu bekommen, ist hart. Aber nun hatte ich es verstanden und die Sache endgültig abgehakt.

Natürlich hab ich in all der Zeit auch viel gebetet.

„Herr, ist das die richtige Frau?"

„Jesus, bitte mach, dass sie mich auch mag!"

„Gott, schenk mir Weisheit, das Richtige zu tun."

„Herr, gib mir Mut!"

Viele, viele Gebete. Und irgendwie hatte ich stets das Gefühl, Gott antwortet mir und sagt: „Ja, mach! Du hast grünes Licht!"

Aber warum gab es dann kein Happy End? Warum schien Gott doch nicht einzugreifen?

Nun ja, irgendwie dachte ich mir schon, warum: Gott hat dem Menschen einen freien Willen gegeben, und er kann nicht „machen", dass sich jemand in mich verliebt. Genau wie im Film „Bruce Allmächtig", als dieser merkt, dass er mit all seinen göttlichen Fähigkeiten seine Ehe trotzdem nicht retten kann. Darf man also überhaupt für eine Partnerin beten? Macht das Sinn? Für mich war die Sache jedenfalls gestorben …

Dennoch blieb der Gedanke an sie weiterhin in meinem Kopf, eineinhalb Jahre lang. Und ich hab oft mit Gott darüber gesprochen.

Und dann, am 31. Mai 2014, passierte es: Ich spielte ein Konzert und saß gerade mit meiner Band beim Abendessen, als ich sie aus dem Augenwinkel kommen sah. Mit dieser Begegnung begann ein Sommermärchen, und plötzlich ging alles ganz schnell. Es war, als ob ein Staudamm geplatzt war. Als ob Gott alle meine Gebete auf einmal erhören würde. Wie ein Feuer, in das man Benzin goss, eine Flut an Segen und Gutem, die Gott auf mich herabregnen ließ. So, als ob er sagen wollte: „Siehst du – ich habe es dir ja gleich gesagt!" Oder wie eine Bestätigung: „Dani, ich werde jetzt deine Treue und dein Warten belohnen. Deine Beharrlichkeit im Gebet und dein Mut sollen sich auszahlen."

Rückblickend stehe ich einfach nur da und krieg den Mund nicht mehr zu. Nie in meinen wildesten Fantasien hätte ich geglaubt, dass Gott diese Geschichte noch zu einem glücklichen Ende führen würde. Es war sicherlich nicht mein unerschütterlicher Glaube oder mein Verdienst. Es war Gottes Gnade. Und es war eine Bestätigung seines Versprechens: „Wer bittet, dem wird gegeben" (Matthäus 7,7) und: „Wenn ihr in meinem Namen, unter Berufung auf mich, um irgendetwas bittet, werde ich es tun" (Johannes 14,13).

Mein Wunsch ist es, dass meine Geschichte dich ermutigt. Bleib am Ball. Bete weiter. Schau nach oben zum Geber aller guten Gaben. Halte an Gott fest. Hoffe noch einen Tag länger. Halte durch! Er ist gut und er hält tolle Dinge für dich bereit. Manchmal beten wir und die Ampel bleibt Jahre lang auf rot oder gelb. Das bedeutet jedoch nicht, dass wir aufhören sollen zu beten, sondern lediglich, dass wir uns für die „Grün-Phase" bereitmachen sollen. Ich weiß nicht, warum es insgesamt mehr als drei Jahre gedauert hat, bis Gott meine Gebete erhört hat, aber ich weiß, *dass* er es getan hat. Deshalb: Bete weiter!

Daniel Harter

 Hör nicht auf zu beten.
nach 1. Thessalonicher 5,17

 Wo fühlst du dich von Gott enttäuscht, weil er auf deine Gebete nicht zu reagieren scheint? Bleib dran. Er hat den Überblick und weiß genau, was dein Herz bewegt.

Unterschiedliche Gebetserhörungen

Es ist fast unglaublich –
einige Gebetserhöhrungen
sandtest du so schnell,
dass es mir den Atem raubte
und mich zum Lachen brachte.
Ich danke dir.

Ich danke dir aber auch
für andere Zeiten,
in denen es so aussah,
als hättest du mich verlassen
und als müsste ich ganz alleine
in der Dunkelheit aushalten …
bis du wichtiger wurdest
als jede Gebetserhörung,
auf die ich wartete.

Nancy Spiegelberg

IM ALLTAG GLAUBEN UND IN DER FAHR SCHULE BETEN

Ich habe mich schon oft gefragt, wie ich meinen Glauben im Alltag leben kann. Wie kann ich Licht bei all dem Dunkel dieser Welt sein? Wie erkennen Menschen, die nicht an Gott glauben, den Unterschied zwischen Christen und Nichtchristen? Was muss ich dafür tun? Wie muss ich mich verhalten? Ich weiß, dass ich Gott dann erlebe, wenn ich mich traue, meine Komfortzone zu verlassen …

Es ist mir ein Herzensanliegen, als Christin einen Unterschied zu machen. Deshalb versuche ich, jedem freundlich zu begegnen. Und ich „oute" mich auch als jemand, der an Gott glaubt. Mir ist es nämlich wichtig, dass die anderen mitbekommen, dass ich Christin bin und es mit meinem Glauben ernst meine. Bei Vorstellungsrunden beispielsweise nenne ich meinen Glauben als eine Eigenschaft, ein Merkmal oder eine Sache von mir. Das führt dazu, dass alle gleich wissen, dass ich Christin bin. Eine Lehrerin hat mich auch schon gefragt, was das genau bedeutet, und so konnte ich ihr etwas von meinem Glauben erzählen.

Über den Glauben zu reden, das fällt mir aber nicht immer so leicht – außer im Reli-Unterricht oder in der Gemeinde. Meistens rede ich nicht direkt über meinen Glauben, sondern über mein Leben oder über christliche Veranstaltungen. Oft frage ich meine Freundinnen, ob ich für sie beten darf, wenn sie mir von ihren Problemen und ihrer Situation erzählen – auch diejenigen, die keine Christen sind. Sie haben bis jetzt immer Ja gesagt! Ich freue mich jedes Mal, wenn ich für jemanden beten darf, denke mir aber meistens: Das reicht nicht, um sie näher zu Gott zu bringen. Also schicke ich ihnen aufmunternde Bibelverse aus meiner Bibel-App (You-Version), aber natürlich nur, wenn sie dem zugestimmt haben. Manchmal frage ich meine Freundinnen auch, ob sie für mich beten können. Da haben sie meistens auch nichts dagegen. Oder ich schlage vor, zusammen in der Bibel zu lesen, nach einem Bibelleseplan. Die andere Person darf sich den Plan immer aussuchen, und ich kann so die ersten Schritte mit ihr im Glauben gehen und sie auf ihrem Glaubensweg begleiten. Als die Oma meiner Freundin gestorben ist, hat diese Freundin mich per WhatsApp gefragt, ob ich ihr Verse für die Beerdigung schicken könnte, weil ich mich da besser auskenne. Ich habe mindestens zwanzig Verse zu den Themen Trost, Hoffnung, Glauben und Vertrauen rausgesucht. Diese Verse sollten aber nicht nur für die Beerdigung sein, sondern auch den Schmerz und die Trauer meiner Freundin nehmen. Ich fragte sie nach der Beerdigung oft, wie es ihr und ihrer Familie gehe, und ich durfte für sie und ihre Familie beten. Ich hätte auch für sie gebetet, ohne dass sie das weiß, aber gerade das Anbieten von Gebet macht für die Menschen in meinem Umfeld den Unterschied. Nur so bekommen sie mit, dass Gott etwas mit ihnen zu tun haben will.

Für mich persönlich sind all diese Sachen nicht schwer, sondern ganz normal. Das war auch der Grund, warum ich dachte, dass ich als Christin gar keinen großen Unterschied in meiner Umgebung mache und im Reich Gottes gar nichts weiter bewege. Das hat mich so sehr beschäftigt, dass ich schließlich meine Mama gefragt habe. Und sie hat mir Mut gemacht und gesagt, dass genau diese Dinge tatsächlich etwas bewirken. Ja, wir machen einen Unterschied, wenn wir unseren Glauben leben und ihn nicht nur „haben"! Wir verändern etwas, wenn wir für andere da sind und sie immer wieder auf Jesus und seine Rettung für uns Menschen hinweisen.

Das habe ich dann auch in der Fahrschule gemacht. Als ich mit meinem Theorieteil anfing, kam mir die Idee (von Gott), dass ich später vor jeder Fahrstunde beten möchte. Ich teilte meine Idee mit meiner Familie, und die fand sie prima. Als ich dann meine Theorieprüfung bestanden hatte, fragte mich mein Fahrlehrer Timmy[*], wen ich als Fahrlehrer haben möchte. Ich konnte zwischen ihm und seinem Kollegen entscheiden, sagte aber, dass mir das egal sei. Ich wollte Gott entscheiden lassen …

—————
* Name geändert

Die erste Fahrstunde: Ich begrüßte Timmy, wir setzten uns ins Auto, und er erklärte mir alles. Ich stellte Sitz und Spiegel ein und wir schnallten uns an. Danach fragte er mich, ob es losgehen könne. Ich hob meinen Zeigefinger und erklärte, dass ich vorher noch beten möchte. Davon war Timmy sichtlich irritiert. Er fragte, nur um sicherzugehen, noch mal nach, und ich wiederholte: „Ich möchte vorher noch beten. Ich möchte vor jeder Fahrstunde beten!" Immer noch verwundert, gab er mir sein „Okay". Ich fragte ihn noch, ob ich laut oder leise beten solle, woraufhin er nur meinte, dass ihm das egal sei. Ich entschied mich für laut, weil er so mehr davon hatte ☺.

Danach fuhren wir los. Als Timmy sich gesammelt hatte, stellte er laut fest, dass ich die Erste wäre, die gebetet hätte. Dann fing er auf einmal an, über den Glauben zu reden und darüber, was er so über das Thema dachte. Ich dachte nur: *Okaaay, ich kann noch nicht einmal Auto fahren und führe schon Gespräche über den Glauben!* Konzentriere ich mich jetzt aufs Fahren oder auf das Gespräch? Aber irgendwie ging beides. Gott sei Dank!

Auch während der nächsten Fahrstunden diskutierten und redeten wir über Glaubensfragen. Ich betete weiterhin vor jeder Fahrstunde, und Timmy faltete schon nach der zweiten Fahrstunde seine Hände – und nach der fünften sagte er mir zu, dass er für meinen Praktikumsbesuch beten würde! Ich betete auch, wenn ich andere Fahrschüler nach Hause fuhr. Ich freute mich immer, wenn ich jemanden heimfahren durfte, weil er dann auch mein Gebet mitbekam … Der erste Fahrschüler, den ich nach Hause fuhr, war sichtlich überfordert mit der Situation. Der zweite sagte nach meinem Gebet ebenfalls „Amen", woraufhin Timmy im Spaß zu ihm sagte, dass er gut erzogen sei.

Als ich einigermaßen gut Auto fahren konnte, wurden unsere tiefen Glaubensgespräche weniger. Zwischendurch redeten wir gar nicht mehr darüber, was ich sehr schade fand. Das hatte mich auch etwas verunsichert. Deshalb teilte ich in einem Gottesdienst meine „Fahrschulgeschichte" auch mit meiner Gemeinde und bat um Gebetsunterstützung.

Es änderte sich nicht sofort etwas, und im Endeffekt auch nicht so, wie ich gedacht hätte ...

An einem der folgenden Sonntage bekam jeder Gottesdienstbesucher einen „Gebetsscheck". Diesen Scheck sollten wir ausfüllen und einer Person geben – als Versprechen, dass wir für sie in einem bestimmten Zeitraum regelmäßig beten würden. Ich wusste natürlich sofort, wem ich meinen Gebetscheck geben wollte!

Nach der nächsten Fahrstunde fragte ich Timmy, ob es für ihn okay wäre, wenn ich den Scheck für ihn ausfülle. Timmy fand das voll cool! Wir saßen zusammen im Auto und überlegten gemeinsam, wie ich den Scheck ausfüllen sollte, und ich trug bei Zeitraum „immer" ein.

Dann war auch schon meine letzte Fahrstunde vor der Prüfung gekommen. Die Stunde lief überhaupt nicht gut. Ich übersah Schilder und wäre, wenn das die Prüfung gewesen wäre, durchgefallen. Vor dieser Fahrstunde übergab ich Timmy mein Abschiedsgeschenk, den Film „Die Hütte – ein Wochenende mit Gott". Aber nun hatte ich

Angst, dass ich meine Prüfung nicht bestehe. Meine Mama betete, ich betete und las in der Bibel. Ich vertraute darauf, dass Timmy mich noch brauchen würde, sollte ich nicht bestehen – dass meine „Mission" dann also noch nicht beendet sein würde.

Am Tag der Prüfung wartete ich lange vor der Fahrschule und sang laut „I will trust in you" von Lauren Daigle. Als Timmy kam, sagte er mir, worauf der Prüfer besonders Wert legt, und machte mir einen Tee. Ich lernte den Prüfer kennen, und der stellte mir die technischen Prüfungsfragen. Das waren nur drei. Ich konnte alle richtig beantworten und hatte somit den technischen Teil der Prüfung schon bestanden!

Danach ging es ins Auto. Ich stellte alles richtig ein und schnallte mich an. Der Prüfer leitete dann die Prüfung ein mit den Worten: „Wenn der Verkehr es zulässt, dürfen Sie losfahren." Daraufhin entgegnete Timmy: „Gib ihr noch eine Minute!" Der Prüfer blickte erstaunt auf, woraufhin ich anfing zu beten. Als ich fertig war, wiederholte der Prüfer seinen Satz, und ich fuhr los. Während der Prüfung fühlte ich mich total sicher. Ich hatte ein gutes Gefühl für das Auto und alles im Blick. Das war sonst nicht immer der Fall gewesen … Gott segnete mich so sehr, denn es war kein großer Verkehr. Ich kam auch nicht in die schwierige Situation, an Kreiseln oder Zufahrten zu Hauptstraßen die perfekte Lücke zu finden, denn es war nie ein Auto außer mir in der Nähe!

Ich bin Gott so dankbar dafür, und natürlich auch dafür, dass ich bestanden habe!

Nachdem ich mit allem fertig war, ging ich noch mal in die Fahrschule, machte mir einen Tee und setzte mich an einen Tisch. Ich fragte das Mädchen, das mir gegenübersaß, ob sie jetzt auch ihre Prüfung hätte. Sie sagte ja und gestand, dass sie panische Angst davor hatte. Ich fragte sie daraufhin, ob ich für sie beten könne, und sie war einverstanden. Dann fragte ich, wie sie heißt. Eigentlich wollte ich laut beten, aber als ich sie fragte, ob sie sich dafür neben mich setzen wollte, lehnte sie indirekt ab. Ich habe mich davon aber nicht entmutigen lassen. Auf einmal kam Timmy mit einem anderen Fahrschüler rein, und ich meinte nur: „Ich bete eben noch für Leila*." Für Timmy war das schon ganz normal, und er setzte sich auf seinen Stuhl und beschäftigte sich mit seinem Handy, während ich leise betete.

Als ich an diesem Tag abends auf mein Handy guckte, hatte Timmy mir folgende Nachricht geschrieben: „Möge Gott auf all deinen Fahrten stets seine schützende Hand über dich halten." Ich konnte nicht fassen, dass das von Timmy kam! Ich habe mich so gefreut, und mir hat das so viel bedeutet! Wenn ich das jetzt lese, muss ich fast weinen. Heute kann ich Timmy schreiben, wofür er beten kann. Ich bete für ihn – und er für mich.

Ich habe mir nie das Ziel gesetzt, Timmy zu bekehren, denn ich habe gelernt, dass das nur Gott kann. Mein Ziel war, für ihn zu beten, und ich bin immer noch fassungslos und erstaunt, was dabei rausgekommen ist. Ich habe nur

_____

* Name geändert

meinen Glauben gelebt und darüber gesprochen. Timmy konnte so von Gott hören, und ich konnte einen Unterschied machen! In meiner Fahrschulzeit, aber vielleicht auch in seinem Leben, das weiß ich nicht.

Mein persönlicher Tipp an dich, wenn du noch etwas unsicher bist im Glauben-Teilen: Sprich am besten von dir persönlich, deinen Ansichten und Erfahrungen mit Gott. Denn solche Sachen kann niemand widerlegen, denn *du* hast es so erlebt. Außerdem lässt du anderen auf diese Weise mehr Freiraum und bedrängst sie nicht mit deinem Glauben. Du lässt sie erfahren, was und wie du glaubst, und sie haben nicht das Gefühl, dass du sie bekehren möchtest oder sie sich bekehren müssen.

Be blessed, trust and don't limit God!

Leonie Brünjes

 Macht euch keine Sorgen darüber, was ihr wie sagen sollt. Der Heilige Geist wird es euch schon im rechten Augenblick zeigen.
nach Matthäus 10,19

 Bitte Gott doch mal, dir den Mut zu schenken, in Sachen Glauben nicht auf „Tauchstation" zu gehen, sondern andere an deiner Beziehung mit Gott teilhaben zu lassen.

MOBBING – RAUS AUS DER HÖLLE

Du bist eine wichtige Person, und du verdienst einen Body-
guard! Darf ich der sein, der dich von allen Seiten umgibt?

Diese Worte sagt unser himmlischer Vater zu jedem von uns. Aber ich zweifelte sehr lange daran.

Ein christliches Elternhaus ist keine Garantie dafür, dass man automatisch an Gott glaubt, aber für mich war es genau der Anker, ohne den ich heute nicht mehr leben würde. Denn als jahrelanges Opfer von Mobbing war ich davon überzeugt, dass Gott mich endgültig vergessen hatte. Meine Gebete schienen stets am falschen Ort zu landen, denn an jedem einzelnen Tag war es härter als am Tag zuvor ...

Einige Leute sind ja der Meinung, dass du beim Mobbing entweder zugrunde gehst oder als Herkules aus der Sache wieder herauskommst. Ich bin der Überzeugung, dass in diesem Satz ein bisschen Wahrheit drinsteckt. Äußerlich war ich vielleicht eine Art Herkules, aber in meinem Innersten war ich drauf und dran, zugrunde zu gehen. Dazu trugen meine Mitschüler und Mitschülerinnen eine Menge bei. Sie legten Flüche über mich, indem sie mich „krank" nannten. Angeblich konnte nur eine Impfung gegen mich helfen. Die Worte „Missgeburt", „hässlich" oder „Du bist so behindert!" waren häufig auf dem Schulgelände über mich zu hören. Am Anfang schluckte ich es noch runter, doch irgendwann wirkten diese Worte wie eine Schallplatte, die einen Sprung hat: Sie wiederholten sich fortlaufend in meinen Gedanken; ich kriegte sie nicht mehr aus meinem Kopf.

An einem Tag kurz vor dem Start ins Teenagerleben erfuhr ich, weshalb mein Magendarmtrakt ständig streikte: Magenschleimhautentzündung. Deswegen eine ganze Woche lang zu Hause verbringen zu dürfen, das war wie Ferien für meine Seele. Als ich danach aber wieder in der Schule war, passierte etwas, dass ich nie vergessen werde: Sie umzingelten mich, während sie mir die eine Frage stellten: „Warum bist du nicht gestorben? Wir hätten dir Rosen an dein Grab gebracht."

Ich fühlte mich in diesem Moment so, als ob eine Bestie mein Herz zerquetscht und die anderen Körperteile unverdaut zurücklässt. Meine Peiniger schmissen mich mit ihrer Aussage dorthin, wo jeder Dreck hingehörte: in die Mülltonne.

Dann fasste ich einen harten Entschluss ... Ich weihte keinen in die Sache ein, nicht mal meine Familie, obwohl sie mir immer mit sehr viel Liebe begegnet ist. Doch EINER brauchte keine Erklärungen – er, Gott, verstand meine Situation und wich nicht von meiner Seite. Nichts konnte ihn abhalten, mich zu lieben und zu retten – nicht mal meine eigenmächtige Entscheidung, mir das Leben zu nehmen, das er mir geschenkt hatte.

Ich stand schon auf dem Fenstersims des Schlafzimmers meiner Schwester. Springen war in dem Moment das Einzige, was für mich in Frage kam. Garten oder Asphalt? Das waren die zwei Landungsmöglichkeiten, die ich hatte. Doch als ich da oben stand, wurden mir plötzlich die Folgen eines Sprungs so richtig bewusst ... Es war ja kein durchdachter Plan. Was ich da tat, war eine fahrlässige Kurzschlusshandlung.

Auf einmal sagte mein himmlischer Papa zu mir: „Denke an die Menschen, die dich lieben. Du wirst noch gebraucht!"

Dieser Satz bewahrte mich davor, tatsächlich zu springen.

Ob ich es bereute, von der Fensterbank wieder heruntergestiegen zu sein? Wenn ich heute zurückschaue, gab es in der Tat noch viele Momente, in denen ich wieder Selbstmordgedanken hatte, doch heute würde ich diese Frage ganz klar mit „Nein!" beantworten.

Das Mobbing ging immer weiter. Und ich musste mich noch mit weiteren „Sturzflügen" arrangieren:

Mein Herz war voller Liebe, die ich natürlich mit einem Jungen teilen wollte. Unglücklicherweise geriet ich ständig an Jungs, die mich wie lästiges Unkraut behandelten. Entweder ignorierten sie mich oder sie trampelten auf mir herum, ohne Rücksicht auf Verluste. Es gab sogar Zeiten, wo sie so taten, als wären wir gute Freunde. Doch ich war für sie lediglich als „Gepäckaufpasserin" etwas wert oder als die naive Fee, die bei Bedarf Bestnoten regnen lassen sollte – sie nutzten mich aus, indem sie mich in ihre Lerngruppe aufnahmen. Dafür war ich gut genug. Aber wehe, ich wagte es und setzte mich neben sie. Dann war der Ärger vorprogrammiert!

Irgendwann stand die gemeinsame Klassenfahrt bevor. Ich hatte vor allem Panik davor, was meine Mitschüler sich für die sieben Nächte einfallen lassen würden ... Da unternahmen meine Mutter und ich einen letzten Versuch – und nahmen Kontakt mit unserer Hausärztin auf. Vielleicht würde es gelingen zu erreichen, dass ich nicht mitfahren musste. Und es klappte tatsächlich! Weil ich wegen einer Milchzuckerunverträglichkeit und der Mobbingsituation mit starken Reizdarm-Problemen zu kämpfen hatte, stellte sie mir ein Attest aus. Noch genialer wäre es allerdings gewesen, wenn ich die Schule in dieser besagten Woche ganz hätte vermeiden können. Doch konnte ich in dieser Zeit wenigstens die Sekundarstufe besuchen – und damit hatte Gott mich auf meinen Wechsel auf die Realschule vorbereitet.

Heute frage ich mich immer wieder: Was wäre geschehen, wenn sich alle Außenseiter meiner Schule zusammengetan hätten? So nach dem Motto: „Gemeinsam sind wir stark"? Im Internet ist es ja möglich, in Rekordzeit Gleichgesinnte zu finden ...

Um mir zu helfen, nahm sich neben meinen Eltern und meiner Ärztin schließlich auch eine Jugendpsychologin meiner an. Doch sie konnte nicht „die Wende" bringen. Ich vermute, dass der Beginn des Mobbings einfach schon zu weit zurücklag. Und ich denke auch, dass die Zeit da einfach noch nicht reif war. Durch meine Wut und meine Verletzungen war ich nicht in der Lage, mich ihr gegenüber zu öffnen. Erst der zweite Anlauf, die Suche nach einer Seelsorgerin, führte zu einer Besserung meiner Situation. Die Gespräche mit ihr halfen mir, den gigantischen Schmerz nach und nach loszuwerden. Trotzdem suchten mich immer wieder die seelischen „Downs" heim. Die Verletzungen durch Mobbing sitzen irgendwann so tief, dass man sehr lange braucht, damit fertigzuwerden.

Und noch etwas half mir durch diese schwere Zeit: die Samstage mit meiner Familie und die Sonntage in unserer Gemeinde, der Stadtmission Luzern. Dort war die wirkliche Oase für mein Herz, und dort fand ich meine ersten wahren Freunde. Meine Familie und ich ließen uns in der Stadtmission irgendwann auch gemeinsam taufen, und heute habe ich in der ICF Luzern eine Heimat gefunden.

Die Täter, die mich so lange fertiggemacht haben, schienen übrigens nie irgendeine Spur von Reue zu zeigen. Irgendwann kapierte ich, was Jesus damit meinte, als er sagte: „Vater, vergib ihnen, denn sie wissen nicht, was sie tun." Und das Unglaubliche geschah: Mein Hass auf sie verflog mit der Zeit mehr und mehr. Ich wusste ja, dass sie selbst Opfer waren: Nur wer sich klein fühlt, versucht, durch Gemeinheiten, die er anderen zufügt, vermeintliche „Stärke" zu erlangen. Solche Leute werden versuchen, dir weiszumachen, dass deine Tränen ein Zeichen von Schwäche sind. Doch Weinen ist niemals ein Zeichen dafür, dass du schwach bist, sondern es ist ein Ausdruck dafür, dass in deiner Seele ein Schmerz sitzt!

Nein, ich verstehe Gott immer noch nicht; ich weiß nicht, wieso es ausgerechnet mich treffen musste. Seit Jahren schon überlege ich, was für ein Sinn dahintersteckt. Doch ich weiß: Gottes Gedanken sind so oft einfach größer als unsere Gedanken. Auch wenn wir manches in unserem Leben nicht verstehen, hat er uns Gewissheiten geschenkt, an die wir uns immer klammern können. Nichts geschieht aus Zufall, und auch wenn wir fallen, gilt: Wir stürzen nie tiefer als in seine Hände.

Ich weiß: Gott sammelt jede unserer Tränen in einem Krug (siehe Psalm 56,9); und ich bin überzeugt davon, dass er sie in etwas Phänomenales verwandeln wird. Er wird aus Schlechtem etwas Gutes entstehen lassen.

Seit meiner Kindheit begleitet mich ein Lied, in dem es heißt: „Vergiss es nie, du bist kein Zufall, keine Laune der Natur, sondern ein Gedanke Gottes, ein genialer noch dazu!" Dieses Lied tröstet mich in schwierigen Phasen immer wieder. Es erinnert mich daran, dass ich wertvoll und geliebt bin, Gottes geliebtes Kind. Und dass niemand etwas von diesem Wert, den Gott mir zuspricht, wegnehmen kann.

Vielleicht bist du ja auch Opfer von Mobbing. Oder Täter – vielleicht bist du zwischendurch auch beides. Ich möchte dir sagen: Gott ist an deiner Seite! Er liebt dich und hilft dir. Er hilft dir vor allem zu erkennen, wer du in ihm bist. Wenn du das erkannt hast, wirst du dich selbst lieben, und das auch ausstrahlen. Und dann wirst du auch andere wertschätzen und lieben können.

Miriam Staub

 Ihr wolltet mir Böses tun, aber Gott hat Gutes daraus entstehen lassen.
1. Mose 50,20; Hfa

 Wer in deiner Umgebung braucht deine Unterstützung, weil er ausgegrenzt wird? Was könntest du für ihn bzw. sie tun? Und wenn du selbst ausgegrenzt wirst: Mach dir bewusst, dass die Mobber keine Ahnung davon haben, wer du wirklich bist. Sie mobben nicht dich, sondern ein völlig falsches Bild von dir. Und dahinter steckt ganz viel eigene Unsicherheit. Zweitens: Hol dir unbedingt Hilfe, denn Mobbing kann richtig krank machen! Erste Hilfe findest du unter https://mobbing-schluss-damit.de/mobbing

Regenbogen

Die Tränen der Einsamkeit,
die Tränen des Frustes,
der Schmerz des Verlustes.

Mein Kind, ich sehe es
und weine mit.

Glaub mir, ich bin da
bei jedem einzelnen Schritt.

Meine Liebe, sie trägt dich.
Mein Licht, es fällt
auf die Tränen der Tiefe
und dein Herz wird erhellt –
von einem Regenbogen.

Lisa

WIE ICH IN SÜDAFRIKA ANDEREN VON JESUS ERZÄHLTE

Nach meinem Abitur hatte ich mich entschieden, ein Jahr lang einen Missionseinsatz in Südafrika zu machen. Ich wollte meine Beziehung zu Gott vertiefen und gleichzeitig anderen Menschen dienen.

An einem gewöhnlichen Tag während meines Einsatzes wachte ich morgens mit negativen Gedanken auf. Trotzdem begann ich den Tag wie sonst auch. Das Erste, was ich normalerweise nach dem Aufstehen mache, ist, Zeit mit Gott zu verbringen. Für mich ist das der beste Start in den Tag, bevor ich meinen Aktivitäten nachgehe.

Doch an diesem Morgen haderte ich mit Gott. „Nun bin ich schon sieben Monate in Südafrika und habe das Gefühl, hier nicht viel Gutes zu bewirken. Warum bin ich eigentlich hier? Ich habe den Eindruck, dass mein Hiersein niemandem hilft! Dabei finanzieren mir Leute aus meiner Heimatgemeinde mit ihren Spenden den Einsatz." Ich war sehr unmotiviert und traurig. Mir fehlten auf einmal die Freude und die Liebe für die Menschen, denen wir bei unseren Einsätzen begegneten. Ich zweifelte an mir selber und war einfach nur enttäuscht von meiner Situation und von Gott.

Die negativen Gedanken zogen mich immer weiter runter und lähmten mich. Das wiederum machte mich noch trauriger ... Alle diese Gedanken brachte ich schließlich vor Gott, und danach ging es mir schon etwas besser. Dennoch schaute ich nach wie vor ängstlich auf die bevorstehenden Herausforderungen des Tages.

Nach meiner Gebetszeit sah ich auf meinem Handy, dass ich überraschenderweise eine Sprachmemo von einer guten Freundin aus Österreich bekommen hatte. Sie fragte mich, wie es mir gerade bei meinem Einsatz erginge und ob ich Gebetsanliegen hätte. *Wow!*, dachte ich, *das ist genau die Sprachmemo, die ich gerade brauche! Jemand, der an mich denkt und mich ehrlich fragt, wie es mir geht!* Das war eine echte Gebetserhörung für mich.

Ich antwortete meiner Freundin offen und ehrlich, dass ich gerade enttäuscht bin, an mir zweifle und vor einigen Herausforderungen stehe.

Tagsüber war ich immer noch geknickt und angespannt, vor allem auch deshalb, weil ich wusste, dass wir abends mit dem Bibelkreis raus auf die Straße gehen würden, um den Menschen dort von Jesus zu erzählen. Anderen von Jesus erzählen, so was ist mir noch nie leichtgefallen. Man weiß ja vorher nicht, welchen Menschen man begegnet und was man ihnen sagen soll ... Und man muss spontan auf die Leute reagieren ... Anders ausgedrückt:

Man muss voll und ganz auf Gott vertrauen, dass er einem die richtigen Worte im richtigen Moment gibt ...

Aber genau damit – dass Gott zu mir und durch mich spricht, dass ich nicht alleine dastehe und er mich gebrauchen will, hatte ich ja schon den ganzen Tag gehadert! Dazu kam noch, dass wir an diesem Tag beim Evangelisieren fotografiert und gefilmt werden sollten. Diese Aufnahmen sollten der christlichen Organisation, mit der ich in Kapstadt war, für die Homepage zur Verfügung gestellt werden. Gefühlt hätte es nicht schwieriger für mich werden können: mit Menschen über Jesus reden – und dabei auch noch beobachtet und gefilmt werden! Ich mag es überhaupt nicht, wenn ich bei einer Sache, bei der ich mich eh schon unsicher fühle, auch noch beobachtet werde. Das macht mich nämlich noch unsicherer.

Als der Bibelkreis sich traf, um raus auf die Straße zu gehen, wurden wir in Zweiergruppen aufgeteilt. Ich kam mit einem Pastor ins Team. Auch der Fotograf war bei uns im Team, er versuchte so unauffällig wie möglich Bilder von uns zu machen. Das „Klick", wenn ein Foto geschossen wurde, war jedoch nicht zu überhören, und ich wurde immer wieder daran erinnert, dass noch jemand bei uns war, uns zuschaute und zuhörte.

Zuerst sprachen wir mit einem Mann und einer Frau und erzählten ihnen von Jesus. Nachdem wir für die beiden gebetet hatten, gingen wir weiter die Straße entlang.

Der Pastor an meiner Seite ging relativ schnell und direkt auf die Menschen zu. Ich dagegen brauche immer etwas Zeit und Mut, um Leute anzusprechen. So war es auch bei einer Frau, die der Pastor sofort ansprach. Er sagte dann gleich zu mir: „Erzähle du ihr von der ‚Guten Nachricht'!"

Ich war völlig überfordert und wusste überhaupt nicht, wo ich anfangen sollte. Also erklärte ich ihr erst einmal, was wir überhaupt mit der ‚Guten Nachricht' meinten: dass Jesus sie als wertvoll erachtet und er aus Liebe zu ihr für ihre und für unser aller Sünden am Kreuz gestorben ist. Ich erzählte ihr auch, dass Gott ein guter Vater ist, der sich um sie kümmert und nur das Beste für sie will. Ich sprach immer mehr Wahrheiten in ihr Leben hinein und redete einfach. Nach dem etwas holprigen Start in das Gespräch merkte ich immer mehr, dass ich redete, ohne viel nachdenken zu müssen. Ehrlich gesagt wusste ich nach dem Gespräch auch gar nicht mehr genau, *was* ich gesagt hatte. Was ich jedoch genau merkte, war, dass ich beim Reden immer entspannter wurde und die Worte mir in den Mund gelegt wurden. Gott hatte durch mich gesprochen und mich gebraucht. Auch, dass der Pastor und der Fotograf das Gespräch mithörten und ich fotografiert wurde, konnte ich ganz vergessen.

Die Frau war von der Botschaft tief im Herzen berührt und hatte Tränen in den Augen. Ich erfuhr von ihr (was man auch sehen konnte), dass sie schwanger war und bereits fünf Kinder hatte. Sie war eine Prostituierte und versuchte, durch die Prostitution Geld für ihre Kinder zu verdienen. Wir ermutigten sie, einen anderen Weg einzuschlagen und darauf zu vertrauen, dass Gott sie und ihre Familie versorgen wird.

Am Ende unseres Gespräches übergab die Frau ihr Leben Jesus. Voller Freude umarmte ich sie lange, was sie schlussendlich richtig zum Weinen brachte.

Ich war so überwältigt und dankbar, wie Gott mein Gebet am Morgen erhört und mich an diesem Tag gebraucht hatte! Und das war bereits die zweite Gebetserhörung an diesem Tag.

Nach dieser Begegnung war ich so ermutigt und voller Freude. Ich hatte erfahren und erlebt, dass ich keine Angst haben muss, weil Gott mich kennt und weiß, was ich brauche. Er hat das perfekte Timing. Egal, ob wir Menschen von Jesus erzählen oder bei einer mündlichen Prüfung vor dem Lehrer stehen: Wir sind niemals allein. Gott ist immer bei uns, auch wenn wir ihn nicht spüren. Wir können ihm vertrauen, denn er ist treu!

Lydia Brauburger

 Gott sagt: Meine Kraft ist in denen mächtig, die sich klein, unbedeutend und kraftlos vorkommen. nach 2. Korinther 12,9

 Denk mal nach: Wo kann Gott dich gebrauchen? Auch wenn du meinst, nicht viel bewirken zu können: Gott nimmt das Wenige, was wir ihm hinhalten, und kann etwas Gutes daraus machen!

„DER GLAUBE IST DOCH NUR WAS FÜR SPINNER!"

Gott gibt es nicht!" An diesen Satz hatte ich in meiner Jugendzeit felsenfest geglaubt. Niemals hätte ich gedacht, dass sich mein Leben so entwickelt, dass ich mich selbst einmal als „Kind Gottes" bezeichnen würde.

Schließlich hielt ich Christen immer für naive Spinner, die an eine Märchengeschichte glauben.

Ich hatte in meiner Jugend eine echt schwierige Zeit. Meine Eltern trennten sich, als ich gerade mal 16 war, und auch schon vorher war ich als die ältere Schwester immer hintenangestellt. Ich hatte mich nie wirklich irgendwo erwünscht oder willkommen gefühlt und stark mit meinem Selbstwert zu kämpfen, denn auch in der Schule wurde ich immer nur ausgelacht und ausgegrenzt.

Als ich dann die Schule wechselte, fasste ich einen Entschluss: „Nie wieder wird mich jemand verletzen! Ab jetzt werde ich mich wehren!" Und das setzte ich auch in die Tat um ...

„Das ist doch alles Quatsch!"

An meinem 11. Geburtstag hatte meine Freundin eine Idee: „Lass uns Gläserrücken spielen!"

Ich konnte damit allerdings überhaupt nichts anfangen. „Das funktioniert doch eh nicht!", sagte ich. Da ich mit meiner Meinung allerdings allein dastand, machte ich dann doch mit und legte meinen Finger auf das Glas …

Und tatsächlich, es funktionierte! Um meine Angst zu überspielen, brach ich das Spiel ab mit den Worten: „Das ist doch alles Quatsch!"

Von diesem Tag an hatte sich etwas in meinem Zimmer verändert. Ich hatte nachts oft Panikattacken, und mein Schlaf litt sehr darunter. Was auch immer das war: Es machte mir Angst, Todesangst!

Ich hätte mich so gerne jemandem anvertraut, allerdings konnte ich mit meinen Eltern nicht darüber reden, sie hätten mich nicht ernst genommen.

Also fing ich an, mich mit Okkultismus und Geistern zu beschäftigen. Es machte mir zwar Angst, aber es faszinierte mich auch irgendwie, und ich dachte mir: *Wenn ich weiß, womit ich es zu tun habe, kann ich es vielleicht kontrollieren.*

Es wurde allerdings immer schlimmer, und ich fing an, Schatten zu sehen und Stimmen zu hören.

Einige Jahre später, ich war 14, hatte ich meinen ersten festen Freund. Er hatte viel mit Drogen zu tun und war somit nicht gerade der beste Umgang für mich – irgendwann geriet ich dann selbst in diese Spirale: Kiffen, Saufen, Feiern.

Die Schule schaffte ich gerade so, „weil ich nicht dumm bin", wie mein Lehrer zu mir sagte. Als sich jedoch dann meine Eltern trennten, und mein Vater versuchte, sich das Leben zu nehmen – und dann auch noch meine erste Beziehung in die Brüche ging, fingen die Probleme erst so richtig an … Ich ging jedes Wochenende feiern, kompensierte meinen Schmerz mit Drogen, Alkohol und mit verschiedenen Sexpartnern. Ich wollte diese Leere in mir mit allem Möglichen füllen, wollte mich nur noch der Realität entziehen. Es war mir völlig egal, was andere davon hielten.

Ich war damals auch von der äußeren Erscheinung her richtig auffällig: schwarze lange Haare, auffällige Schminke, Lack- und Lederklamotten. Ich bezeichnete mich selbst als „Gothic". Jeder merkte, dass irgendwas mit mir nicht stimmte, und meine Familie bezeichnete es als „Phase, die schon irgendwann wieder vorbeigeht". Irgendwie half mir die Fassade, die ich äußerlich hochgezogen hatte, zu verbergen, wie verletzt und kaputt ich innerlich war. Mit meinem provokanten Aussehen und Benehmen versuchte ich, mein schlechtes Selbstwertgefühl zu überspielen. Doch ich merkte zunehmend, dass es mir dadurch immer schlechter ging.

In meinem Herzen wusste ich: Ich suchte nach einem Sinn in meinem Leben. Ich wollte Antworten auf meine Fragen finden.

„Ich kann mein eigener Gott sein!"
Ungefähr das war die Kernaussage, die ich schließlich in der „Satanistenbibel" fand, und ich dachte:

Wow, ja, das ist es! Ich fühlte mich in dem, wie ich lebte, bestätigt, und diese Aussage war für mich sozusagen ein Zuspruch. Alles, was ich in dieser Satanistenbibel las, war genau das, was ich wollte – und ja eh schon tat: Ich wollte selbst bestimmen, was gut für mich ist, und ich wollte alles tun, ohne mich rechtfertigen zu müssen. Gegen meine Eltern hatte ich ja eh schon rebelliert, und niemand konnte mich mehr aufhalten.

Ich fing an, mich wieder mehr mit Okkultismus und schwarzer Magie zu beschäftigen, und meine Faszination für diese Sachen wuchs. Irgendwann bezeichnete ich mich selbst als Satanistin. Ich fühlte mich wie Gott, ich war mein eigener Herr und konnte tun und lassen, wonach mir beliebte!

Doch mit der Zeit merkte ich, wie unglücklich mich das alles machte. Anstatt dass es mir besser ging, wurde ich innerlich immer leerer und abgestumpfter. Ich dachte, es läge sicher an der Gothic-Szene, der ich angehörte, an den Menschen um mich herum und meinem Aussehen. Heute weiß ich: Das Problem lag viel tiefer: Es war mein Lebensstil, der mich so kaputt machte – und meine Herzenshaltung.

Tief in mir drin ahnte ich: *Ich muss etwas ändern!* Genau das tat ich dann auch, step by step …

„Neues Ich, neues Glück!"

Weg mit den schwarzen Klamotten! Ich zog mit 19 in eine andere Stadt, bekam neue Freunde, meine erste eigene Wohnung, und ich dachte: *Jetzt kannst du neu anfangen!*

Mein Leben lief auch ganz gut, ich war beliebt, auch bei den Jungs. Beruflich ging es auch bergauf, und ich konnte weiterhin mein Partyleben genießen, ohne dass mich jemand kritisierte. Ich fühlte mich frei. Doch meine Vergangenheit holte mich schnell wieder ein. Schließlich war meine Veränderung nur äußerlich.

Als ich eines nachts einen Traum vom Teufel hatte, wusste ich, dass ich nicht mein Aussehen, sondern meinen Lebensstil ändern musste. Ich weiß, du denkst jetzt wahrscheinlich: *Was hast du denn, das war doch nur ein Albtraum!* Aber dieser Traum war so heftig und so schlimm für mich, dass ich wusste: So kann es nicht weitergehen.

Meine Arbeitskollegin sagte zu mir: „Chantal, du musst beten!" Aber ich dachte: *Beten? Was soll mir das denn jetzt bringen?* Ich wollte nichts mit diesem ganzen „Gottkram" zu tun haben. Als ich dann abends aber nicht einschlafen konnte, entschloss ich mich doch, ihren Rat zu befolgen. Es fühlte sich total bescheuert an, ich kam mir blöd dabei vor, und ich glaubte noch nicht mal an das, was ich da sagte – aber ich hatte ja nichts zu verlieren.

Und ich schlief nach dem Gebet wirklich schnell ein. Jedoch brachte ich das in keinster Weise mit Gott in Verbindung. Ich lebte weiterhin mein Leben.

Einige Zeit später – mit 23 – lernte ich einen Amerikaner kennen, in den ich mich schnell verliebte – und er sich in mich. Er war der Erste, der mir sagte, dass er mich gern heiraten möchte. Natürlich war niemand in meinem Umfeld von dieser Idee begeistert. „Du kennst ihn doch gar nicht!", sagten alle. Und sie hatten ja auch recht damit …

Mir war das allerdings egal. Ich wollte schließlich nur mein Leben genießen und fragte mich, wieso mir das niemand gönnte. Ich zog also meinen Plan durch, heiratete ihn und zog mit ihm nach Hawaii. Alles gab ich dafür auf: meinen Job, meine Wohnung, mein Auto.

„Jetzt wird alles besser werden!"

Wir machen ja immer selbst unsere Pläne und denken: Wenn wir dies und jenes hätten, dann würde es uns besser gehen. Leider musste ich ziemlich schnell feststellen, dass sich überhaupt nichts verbessert hatte. Er und ich stritten uns immerzu, und kurze Zeit später wollte er sogar die Scheidung. Und in dieser Situation vermisste ich meine Freunde, meine Familie so sehr! Durch die Trennung wurde mir das Letzte, was ich noch besaß, genommen. Ich war völlig am Boden zerstört. Ich fühlte mich innerlich so leer wie noch nie zuvor, und zum ersten Mal in meinem Leben fehlte mir jegliche Kraft zum Kämpfen. Ich saß nur auf dem Boden, weinte und betete aus voller Verzweiflung zu Gott.

„Gott, wenn es dich gibt, dann brauch ich dich jetzt!"

Ich wusste nicht, ob mein Gebet nach oben „durchdrang", aber irgendwie schaffte ich es, mich aufzuraffen und weiterzumachen. So, als würde eine Stimme in mir sagen: „Du schaffst das, Chantal, steh auf!"

Wenig später fand ich zwei Freundinnen – beide waren Christinnen –, die mir durch diese schwere Zeit hindurchhalfen. Sie waren für mich da. Allerdings redeten sie auch immerzu über Gott.

Ich war jedoch immer noch der Überzeugung, der Glaube sei nur was für naive und labile Menschen, und so was bräuchte ich nicht. Was mich allerdings an den beiden Mädels faszinierte, war ihre bedingungslose Liebe zu mir. In der Welt, aus der ich kam, wirst du als Feind behandelt, wenn du anderer Meinung bist. Doch die beiden gaben mich einfach nicht auf! Diese Liebe hat mich wirklich verwundert. Obwohl sie mich gar nicht kannten, teilten sie alles mit mir und halfen mir, wo sie nur konnten!

Eines Abends saßen wir draußen und redeten zusammen. Ich war wieder einmal total fertig nach einer Auseinandersetzung mit meinem Ex. Da fingen die beiden Mädels wieder an, über Gott und Jesus zu reden. Zuerst hörte ich nur zu, da ich ja auch gar nicht mitreden konnte. Doch auf einmal änderte sich etwas, ich kann es kaum in Worte fassen. Ich verstand auf einmal, was sie da redeten! *Ja, das macht alles Sinn!*, schoss es mir durch den Kopf. Nach diesem Gespräch setzte ich mich neben mein Bett auf den Boden und schrieb unter Tränen alles auf, was meine Freundinnen gesagt hatten. Ich verstand absolut nicht, was an diesem Abend mit mir passierte, aber ich begann zu verstehen, dass das, was sie sagten, wirklich wahr ist.

„Gott gibt's echt!"

In dieser Nacht hatte sich etwas in meinem Herzen verändert. Ich spürte eine Liebe in mir, Hoffnung und Zuversicht.

Keine Ahnung, wie ich es geschafft habe, durch diese krasse Zeit zu kommen, aber Gott trug mich. Er hatte in dieser Nacht zwar nicht meine Umstände verändert, aber er hatte *mich* verändert, und das half mir durch die Umstände hindurch.

Einige Wochen später war ich wieder zurück in Deutschland – ohne Mann, ohne alles, nur mit einem Koffer in der Hand. Ich zog wieder bei meinen Eltern ein, und sie merkten sehr schnell, dass sich an mir etwas verändert hatte. Sie dachten, ich hätte irgendwelche „Flausen im Kopf". „Wie kommst du dazu, jetzt in der Bibel zu lesen? Was soll dieses ganze Gottzeugs?", fragten sie mich. Doch ich wusste, Gott ist bei mir, ihn gibt's echt!

Unglaublich schnell fand ich dann einen neuen Job, eine neue Wohnung und wieder ein Auto. Irgendwie fiel mir alles nur so zu, das war unbegreiflich. Und jeder fragte mich, wie es denn sein kann, dass es mir so gut ginge, nach all dem, was ich durchgemacht habe. Und ich erzählte jedem davon, wie Gott in dieser entscheidenden Nacht auf Hawaii in mir gewirkt hatte.

Aber was da eigentlich *wirklich* in mir passiert war, verstand ich immer noch nicht ganz. Also fing ich an, immer öfter in der Bibel zu lesen. Ich wusste zwar nicht genau, wonach ich darin suchte, aber ich wusste in mir drin, dass in diesem Buch die Antworten auf all meine Fragen standen.

Schließlich las ich ständig von Jesus, und ich fragte mich: *Wer ist dieser Jesus*? Klar hatte ich im Konfirmandenunterricht schon von ihm gehört, aber ich fragte mich nun: *Wer ist er wirklich*? Seine Person faszinierte mich so sehr, und ich fragte Gott im Gebet immer wieder, ob er mir zeigen könne, warum Jesus so wichtig ist.

Schließlich gab er mir eines Nachts in einem Traum eine Antwort darauf.

Ich saß auf einem Berg und sah hinab in ein Tal. In dem Tal war die ganze Schuld, die ich in meinem Leben angesammelt hatte. Die Last spürte ich so schwer auf meinen Schultern liegen, dass ich sagte: „Das ist so viel! Ich kann das nicht tragen, damit kann und will ich nicht leben!"
Jesus stand hinter mir und legte seine Hand auf meine Schulter. „Mein Kind, wieso schaust du auf das, was war? Das ist nicht mehr. Ich habe dich neu gemacht! Du musst diese Lasten nicht tragen, du kannst sie mir geben! Ich habe dir für all das bereits vergeben, und jetzt ist es für dich an der Zeit, dir selbst zu vergeben!"

Die Liebe von Jesus in diesem Traum war eine Liebe, wie ich sie noch nie zuvor gespürt hatte, und ich wusste von diesem Moment an, dass er DAS ist, wonach ich schon immer gesucht hatte. Ich fühlte mich zu Hause und angekommen. In dieser Nacht weinte ich stundenlang. Ich weinte meine ganze Schuld weg, und Gott zeigte mir eine Sache nach der anderen, die ich in meinem Leben falsch gemacht hatte. Alles gab ich ihm ab und bat ihn um Vergebung, und ganz zum Schluss gab ich Jesus mein Leben: „Jesus, ich weiß jetzt, wer du bist, dich brauche ich in meinem Leben. Mach damit, was du willst, ich gebe es dir!"

„Jesus ist mein Leben!"

Wenn ich auf die letzten vier Jahre meines Lebens zurückblicke, und auf das, was Jesus seitdem an mir getan hat, kann ich es kaum fassen. Mein Leben heute ist zwar nicht perfekt, und mir geht es auch nicht immer gut. Aber mir wurde bewusst, dass, auch wenn ich mich in schwierigen Umständen befinde, oft nicht mein Problem das eigentliche Problem ist, sondern meine *Einstellung* zum Problem. Jesus gibt mir neue Perspektiven und befähigt mich, Sachen zu überwinden, die zunächst unmöglich erscheinen. Ich erlebe immer wieder Wunder mit Gott und sehe, was er in meinem Alltag tut. Er gibt mir wahrhaftige Hoffnung, unabhängig davon, was mir gerade passiert.

Ich will dich ermutigen und dir zusprechen: *Gott sieht dich!* Denn manchmal denkst du vielleicht, dass er weit weg ist oder sich nicht für dich und deine Probleme interessiert. Doch glaub mir, er zählt jede einzelne deiner Tränen! Er kann dir vielleicht nicht jeden Schmerz wegnehmen, aber er wird mit dir durch deinen Schmerz gehen.

Was auch passiert: Auch die schlechten Dinge werden dir zum Guten dienen. Sein Ziel ist es nicht unbedingt immer, deine Umstände zu verändern, aber immer, dein Herz zu verändern. Denn du bist ihm wichtiger, als du dir jemals vorstellen kannst.

Chantal Grandpair

Aber jetzt sagt der Herr, der dich geschaffen hat: „Hab keine Angst, denn ich habe dich erlöst! Ich habe dich bei deinem Namen gerufen, du gehörst zu mir. Wenn du durch tiefes Wasser oder reißende Ströme gehen musst – ich bin bei dir, du wirst nicht ertrinken. Und wenn du ins Feuer gerätst, bleibst du unversehrt. Keine Flamme wird dich verbrennen. Denn ich, der Herr, bin dein Gott, ich bin dein Retter.
nach Jesaja 43,1 – 3

Denk immer daran: „Gott ist denen nahe, die zu ihm beten – allen, die aufrichtig zu ihm beten."
Psalm 145,18a; GN

KATASTROPHENHILFE ODER: VOM GLÜCK, HELFEN ZU KÖNNEN

Es war ein sehr warmer August im Jahr 2002, ich genoss die Semesterferien und freute mich daran, viel draußen unterwegs zu sein. Aber dann kam plötzlich ein tagelanger, extremer Dauerregen, so stark, wie ich ihn noch nie erlebt hatte. Das viele Wasser von oben führte innerhalb weniger Stunden zu Überflutungen, die immer dramatischer wurden. Nicht nur meine Heimat Sachsen, sondern auch andere Teile Ost- und Norddeutschlands, Bayerns, Tschechiens und Österreichs waren betroffen. Die Lage spitzte sich vielerorts zu: Straßen waren nicht mehr befahrbar, Schulen wurden geschlossen, die Flüsse liefen über die Ufer, Brücken stürzten ein.

In Dresden erlebte ich den Ausnahmezustand hautnah mit: Auf den Straßen waren nur noch die Fahrzeuge von der Feuerwehr und dem Technischen Hilfswerk unterwegs, in der Luft kreisten permanent Hubschrauber. Der

Hauptbahnhof stand bereits unter Wasser, und die Fluten drückten sich mit gewaltiger Kraft aus dem Haupteingang heraus – unfassbar, so was zu sehen! In der Innenstadt versuchten die Feuerwehr und eine Vielzahl Freiwilliger verzweifelt, die wichtigsten Gebäude mit Sandsäcken zu schützen.

In meiner damaligen Gemeinde war die Stimmung natürlich wie überall gedrückt und angespannt. Viele kannten jemanden, der persönlich von dem Hochwasser betroffen war. Und so war der Entschluss schnell gefasst: Wir mussten helfen! Gemeinsam mit der befreundeten Baptistengemeinde wurde ein Hilfseinsatz organisiert – im nahe gelegenen Osterzgebirge, einer Region, die von der Flutkatastrophe mit am schlimmsten betroffen war. Ich war sofort mit dabei, denn ich wollte etwas gegen dieses Gefühl der Ohnmacht und Hilflosigkeit tun. Außerdem lebte ich ja mittendrin – mitten im Hochwassergebiet. Und wenn man – so wie ich – verschont geblieben war, dann hatte man meiner Meinung nach geradezu die Verpflichtung zu helfen. Denn es hätte ja auch mich und meine Familie treffen können, unsere Straße, unser Haus!

Wir Helfer versammelten uns, ausgerüstet mit Arbeitskleidung und Gummistiefeln, auf dem Gemeindeparkplatz. Der Pastor informierte uns genau über die Lage vor Ort – dass es in unserem Einsatzgebiet wirklich schlimm aussähe und wir nicht erschrecken sollten. Bilder in den Medien seien doch etwas anderes, als etwas hautnah zu erleben. Ein bisschen mulmig wurde mir da schon. War meine Entscheidung mitzufahren richtig gewesen? Doch jetzt gab es kein Zurück mehr. Noch ein gemeinsames Gebet, und dann fuhren wir mit dem gemieteten Kleinbus los, der vollgepackt mit Eimern, Schaufeln und einer Schubkarre war.

Als wir schließlich in dem kleinen Ort ankamen, war ich dann tatsächlich schockiert von dem Anblick: eingestürzte Garagen, weggerissene Straßen und kaputte Häuser. Bis zu einem halben Meter hoch lag der Schlamm auf den Grundstücken und in den Vorgärten, an manchen Stellen sogar noch höher. Und überall zerbrochenes Fensterglas, kaputte Gegenstände und Möbelteile, die die Flut aus den Häusern gespült hatte, und herausgerissene Garagentore und Zäune, die verstreut herumlagen.

Ich fühlte mich augenblicklich in ein Kriegs- und Krisengebiet hineinversetzt. Der ganze Ort war von der Polizei abgeriegelt, nur Helfer wurden reingelassen. Vor dem Rathaus kochten Frauen in riesigen Töpfen Suppe für alle Betroffenen im Ort und die freiwilligen Helfer. Von der Koordinierungsstelle im Rathaus bekamen wir die Adresse eines Ehepaars genannt, das mit am stärksten von den Flutschäden betroffen war.

Als wir an dem Eigenheim ankamen, sahen wir, was die Wassermassen dort angerichtet hatten: Der Fluss hatte sein Bett verlagert und floss nun mitten durch das Grundstück – zwischen Hausrückseite und Wäscheplatz. Der Vorgarten war eine einzige Schlammwüste, und auch die untere Etage des Hauses war voller Schlamm und Dreck. Die Einrichtung war nun reif für die Tonne. Wie das Ehepaar eine solch heftige Zerstörung wohl verkraftet?, fragte ich mich. Der Mann erzählte uns, dass das Wasser sogar einen dicken Baumstamm vorn in das Haus hineingedrückt hatte – und auf der Rückseite wieder heraus. Unvorstellbar!

Ich weiß nicht, wie lange wir in der prallen Sonne standen und mühselig den schweren, klebrigen Schlamm wegschaufelten. In Erinnerung geblieben ist mir jedoch, dass uns die Eheleute immer wieder zum Pausemachen und Wassertrinken einluden. Und dass sie immer wieder betonten, wie dankbar und überwältigt sie seien, dass wir extra die dreißig Kilometer bis hierher gefahren sind, um ihnen zu helfen.

Für mich war es ein superanstrengender Tag. Ich glaube, ich war auch das einzige weibliche Wesen in unserem Hilfstrupp, in jedem Fall aber das zierlichste.

Am Tag nach unserer Hilfsaktion konnte ich mich kaum rühren, Arme und Beine schmerzten, und ich war völlig platt. Aber wenn ich zurückdenke, war es einer der glücklichsten Tage meines Lebens. Ich habe etwas bewirkt. Mein Beitrag zum Schlammwegräumen war vielleicht nicht der größte, aber ich weiß: Darauf kam es gar nicht an. Es war die Geste, die zählte; die Bereitschaft, Hoffnung zu verschenken. Seitdem denke ich immer wieder gern an den Spruch: „Nicht die großen Taten sind das Entscheidende, sondern die kleinen, wenn sie aus Liebe geschehen."

Verena Keil

Denkt bei dem, was ihr tut, nicht nur an euch. Denkt vor allem an die anderen und daran, was für sie gut ist.
1. Korinther 10,24; Hfa

 Gibt es jemanden in deiner Klasse/deiner Familie/ in deinem Umfeld, der deine Hilfe oder Unterstützung gut gebrauchen könnte? Was könntest du für denjenigen tun? Das muss nichts Großes sein!

Hoffnungsträger

Ein kleines Licht sein
ist besser als gar nicht scheinen.
Vielleicht bewirkt es nicht viel
in der großen Dunkelheit der Welt.
Aber für den einen
dem du hilfst
bist du ein Weltveränderer.
Sei ein kleines Licht.
Ein Hoffnungslicht.

Verena

MEINE REISE AUF DEM CAMINO

Wie sehr hatte ich mich auf diese Auszeit gefreut! Um mich von den ganzen Anstrengungen der letzten Jahre zu befreien, beschloss ich, drei Wochen lang auf dem Camino – dem spanischen Jakobsweg – zu pilgern. Allein. Im Juni. Ohne große Erwartungen.

Da stand ich also morgens um 6 Uhr im nordspanischen Burgos. Die Sonne ging über den nebelverhangenen Dächern der mittelalterlichen Stadt auf, und vor mir lagen 23 unbeschriebene Tage. Keine Termine, kein Telefon, keine Mails, kein Familienalltag. Nur 528 unverplante Stunden und 490 Kilometer durch Gottes schöne Natur.

Die erste Woche war meine „Dauergrinse-Woche". Jeden Tag lief ich 25 bis 30 Kilometer durch die unvorstellbar, maßlos schöne Natur. Knallrote Mohnblumen, Kornblumen, die mit dem Himmel um das schönste Blau wetteiferten. Hin und wieder ergänzt durch historische Bauten, die den Wegrand säumten. Bestimmt 500-mal am Tag habe ich „Danke" gedacht, gesagt und geschrien.

Danke, Gott, für diese geniale, verschwenderische Schöpfung!

Bald entwickelte sich mein typischer Tagesablauf: zwischen 4 und 6 Uhr aufstehen, nach 10 Kilometern Frühstück, nach 15 Kilometern Mittagessen und nach weiteren 5 bis 10 Kilometern Suche nach einer Herberge. Dann duschen, Sachen waschen und in die Sonne hängen, Tagebuchschreiben, Pilgermenü genießen und gegen 22 Uhr schlafen. Und sosehr ich die Einsamkeit liebte, so sehr genoss ich meine kleine Pilgergemeinschaft, die sich zufällig und unverbindlich bildete: John aus Schottland, Rachel – in Sandalen – aus England, Stella aus Korea, Allan und Francis – Vater und Sohn – aus den USA, der Agnostiker* Steffen aus Dresden und Marilyn aus Arizona. Wie wichtig Gemeinschaft ist, wurde mir deutlich, als Allan mir Salbe für meine geschwollenen Füße gab und Francis mir ein paar dünne Strümpfe schenkte. Meine Lebensretter.

Doch zwischen mir und Santiago lagen noch mehr als 300 Kilometer, und eine Knochenhautentzündung am Schienbein quälte mich. Jeder Schritt tat weh. Meine „Schmerzenswoche" nahm ihren Lauf. Da half keine Salbe, kein Tag Pause, nicht einmal fünf „Ibuprofen 800" pro Tag. *Warum tue ich mir das an?* Das fragte ich mich immer wieder, bis ich an einem Sonntagabend Eden begegnete.

Eden aus Brasilien hätte eigentlich nach den ersten Tagen abbrechen müssen. Ihre Füße waren übersät mit

---

* Ein Agnostiker ist ein Mensch, der die Frage „Gibt es einen Gott?" nicht mit „Ja" oder „Nein" beantwortet, sondern mit „Ich weiß es nicht", „Es ist nicht geklärt" oder „Es ist nicht beantwortbar".

Blasen. Doch sie mietete sich ein Fahrrad und radelte weiter. (Um eine Pilgerurkunde zu bekommen, muss man mindestens 100 Kilometer gelaufen oder 200 Kilometer geritten oder mit dem Fahrrad gefahren sein.)

Sie sagte den entscheidenden Satz zu mir: „Kai, the camino is to enjoy, not to endure!" Den Camino, seinen Lebensweg, geht man nicht, um sich durchzuquälen. Er soll uns Freude machen! Dieses Motto hatte ich angesichts der irren Schmerzen vergessen. Und dann gab Eden mir einen paradiesischen Tipp: „Gib doch deinen Rucksack ab!"

Ich? Meinen Rucksack abgeben? Auf keinen Fall! Ich bin doch nicht einer dieser Tourigrinos (Pilger-Touristen), die ihren Koffer abgeben und mit kleinem Gepäck den Camino laufen!

Am nächsten Morgen ging ich früh los – mit pochenden Schmerzen im Schienbein. *Der Camino soll dich erfreuen*, klang es bei jedem Schritt in meinen Ohren. Ich ging in die nächste Herberge und gab meinen Rucksack ab, beim Gepäckdienst „Jako-Trans", der ihn bis zum nächsten Etappenziel brachte. Ich dachte: *Jakobus-Transport, das ist ein schönes Bild für Jesus. Da ist jemand, der meine Lasten trägt!*

Und dann bin ich gelaufen wie ein junges Reh. Ich konnte die Welt und den Weg wieder genießen. Und plötzlich überkam es mich: Wir haben einen Gott, der sich uns in unfassbarer Weise zuwendet und uns unendlich liebt! Ich muss meinen Rucksack nicht mehr alleine tragen. Meine Fehler. Meine Erfolge und Niederlagen. Die tonnenschweren Sorgen. Alles, was auf meinen Schultern lastet. Alles kann ich bei ihm abladen – und er trägt es für mich.

Das alles wusste ich – mit dem Verstand. Doch in diesen Tagen brannte es sich in mein Herz. Jeder Schritt ohne Schmerzen, jeder Kilometer Natur, den ich mit leichtem Gepäck genoss, prägte diese Erfahrung der Gnade ein: die Erkenntnis, dass Gott sich um mich kümmert – bedingungslos. Der einzige Preis, den ich bezahlen musste, war mein Stolz. Klar, dass ich auf meinen letzten zwei Tagesmärschen wieder den Rucksack aufsetzte. Ich wollte nicht als „Tourigrino" in Santiago einlaufen … Doch als ich endlich Santiago erreichte, war gerade Siesta. Und es hat keinen interessiert, dass da gerade ein braungebrannter, fröhlicher, erfolgreicher Pelegrino mit Rucksack sein Ziel erreicht …

Umso größer war die Freude, als ich meine Mitstreiter nach dem Gottesdienst in der Kathedrale in Santiago wiedersah, nachdem wir uns in der letzten Woche aus den Augen verloren hatten. So wird vielleicht das Wiedersehen im Himmel sein …

Kai S. Scheunemann

Ladet alle eure Sorgen bei Gott ab, denn er sorgt für euch.
1. Petrus 5,7; Hfa

 Was belastet dich? Welche Sorgen schleppst du mit dir herum? Es gibt einen, der sie dir abnehmen will! Gott wünscht sich nichts sehnlicher, als uns unsere Lasten abzunehmen: unsere Fehler, unser Versagen, unsere Sorgen und Ängste. Wir müssen uns damit nicht länger herumquälen!

GERETTET VON EINEM ESEL

Christopher Schacht war erst 19 Jahre alt und hatte gerade sein Abi in der Tasche, als er eine verrückte Idee in die Tat umsetzte: Mit nur 50 Euro „Urlaubsgeld" reiste er allein um die Welt. Ohne Flugzeug, ohne Hotel, ohne Kreditkarte. Vier Jahre war er unterwegs, bereiste 45 Länder und legte 100.000 Kilometer zu Fuß, per Anhalter und auf Segelbooten zurück. Seinen Lebensunterhalt verdiente er sich als Goldwäscher, Schleusenwart, Babysitter und Fotomodell, er lebte unter Ureinwohnern und Drogendealern und trampte durch die Krisengebiete des mittleren Ostens. Hier erzählt er eine Episode aus seiner abenteuerlichen Geschichte:

Dezember 2014. Der LKW-Fahrer trat auf die Bremse, und ratternd kamen wir zum Stehen. Er warf einen kurzen Blick durch das staubige Seitenfenster hinaus. „Wir sind da. Atocha."

Es war bereits Mitternacht, und die bolivianische Klein-stadt sah finster und verlassen aus.

„Bist du sicher, dass du hier rauswillst?"

„Ja, hier ist super. Danke!" Ich griff nach meinem Ruck-sack, schwang die Tür auf und sprang hinaus. „Gute Weiter-fahrt!", verabschiedete ich mich und klopfte zweimal kurz auf die Motorhaube.

Dann stapfte ich den breiten Sandweg hinunter. Es war kalt, und der blasse Schein des Mondes fiel auf die aus Lehm gebauten Häuser. Aus dem Schatten einer Gasse löste sich eine geduckte Gestalt.

„Guten Abend", machte ich auf mich aufmerksam. Der Mann fuhr herum. Er war etwa einen Kopf kleiner als ich und trug einen alten Fahrradhelm, um den einige Meter Wollschnur und Plastikmüll gebunden waren. *Normal ist das nicht*, dachte ich, versuchte es aber trotzdem: „Ent-schuldigung, kennst du einen Ort, wo ich hier schlafen kann?"

Eine gefühlte Minute lang starrte der Mann mich an, ohne eine Wort zu sagen. Ich wiederholte meine Frage. „Ari, Ari!", nickte er nun, wobei die Müll-Mobiles an seinem Fahrradhelm hin und her baumelten. Gut möglich, dass dies das Ergebnis von langjährigem Drogenmissbrauch war.

Zusammen gingen wir durch die nächtliche Kleinstadt. Nach einer Weile gelangten wir an einen großen befes-tigten Platz. Schmutzige Straßenlaternen tauchten die Umgebung in ein schwaches Gelb.

„Hier ist es gut?", fragte ich.

Der Helmträger nickte und wackelte weiter, bis er in der Dunkelheit hinter einer Hausecke verschwand. Ich stand vor einer Wellblech-Überdachung voller Abfallsäcke. *Nicht gerade fünf Sterne, aber für ein paar Stunden Schlaf sollte es reichen.*

Ich breitete meine Isomatte mit Schlafsack schräg vor einer Ecke aus. In diese stellte ich meinen Rucksack, sodass man erst einmal über mich drübersteigen müsste, um an ihn heranzukommen. Als weitere Diebstahl-Prävention diente eine über die Tasche gestülpte schwarze Mülltüte. Nicht nur sah mein Gepäck so weniger wertvoll aus, sondern die Tüte knisterte auch laut, wenn sich jemand daran zu schaffen machen sollte. *Dann mal gute Nacht.*

Kaum war ich eingeschlafen, weckte mich ein Rascheln wieder. Der Helmträger? Ich richtete mich auf und blickte in ein knappes Dutzend Augenpaare. Straßenhunde! Ein eisiger Schreckensschauer lief mir über den Rücken. Der mir am nächsten stehende Köter neigte seinen Kopf und knurrte tief. Sofort stimmten die anderen ein. Ihre Lefzen hatten sie angehoben, die Zähne leuchteten im Halbdunkeln. Die Hunde waren hager und ausgezehrt, hier und da fehlten Fellbüschel. *Jagdhunde*, schätzte ich nach ihrer Statur. Bis auf ein paar Ratten gab es in dieser Wüstenregion keine Hoffnung auf Beute. Sie mussten total ausgehungert sein.

In Bolivien erzählt man sich Geschichten von streunenden Hunden, die nachts Kinder anfallen. Ich mochte zwar kein Kind mehr sein, aber liegend hatte ich in etwa die gleiche Höhe. Hastig überschlug ich meine Chancen. Da war nicht viel, was ich tun konnte. Meine Füße steckten in meinem Schlafsack, unfähig durchzustarten. Und selbst wenn ich hätte wegrennen können, wären die Hunde dreimal schneller gewesen als ich. Und sie waren in der vielfachen Überzahl. Sollte das Rudel mich angreifen, stünde es mehr als schlecht um mich.

Zugegebenermaßen hatte ich schon ein wenig Angst. Ich schickte ein Stoßgebet zum Himmel und hoffte, dass Gott (wieder mal) auf mich aufpassen würde. Zwar war ich mittlerweile mehr denn je überzeugt davon, dass mich nach dem Tod ein unvorstellbar viel besseres Leben im Himmel erwartete, doch jetzt gerade merkte ich, dass ich doch ziemlich an meinem kleinen Erdenleben hing.

Einige weitere Hunde, die wohl eben noch an den Abfallsäcken gestöbert hatten, kamen hinzu und füllten die Lücken des angedeuteten Viertelkreises. Der Weg war versperrt. Noch hatten sie keinen Angriff gewagt. Vielleicht ließen sie sich ja etwas einschüchtern?

„Sale!", rief ich mit lauter Stimme auf Spanisch und versuchte dabei so autoritär zu klingen, wie nur irgend möglich. Tatsächlich zuckten einige Hunde zusammen. Drei von ihnen wichen sogar ein wenig zurück. Dann bellten und knurrten sie aber gefährlich und kamen noch näher als zuvor. Doch keine so gute Idee, das mit dem Einschüchtern.

Noch immer wagte sich keiner der Streuner näher als zwei Meter an mich heran, sie verharrten aber in Angriffshaltung. *Sind sie unsicher?* Möglich. Es dürfte ja das erste Mal sein, dass sie hier einen Weißen in einem Schlafsack antrafen.

Däng!

Die Hunde fuhren herum. Ein freilaufender Esel hatte sich in einer der Plastiktüten am Müllhaufen verbissen und schüttelte sie auf und ab, wobei sich der Inhalt über den Boden verteilte. Sofort vergaßen mich die Streuner und rannten mit empörtem Bellen dem Neuankömmling entgegen. Anstatt Reißaus zu nehmen, legte dieser aber seine Ohren an, senkte den Kopf und ging zum Gegenangriff über. Mit offenem Mund beobachtete ich, wie das Lasttier die Hunde im Galopp über den Platz scheuchte. Ich musste mir in den Arm kneifen, um sicherzugehen, dass ich wirklich wach war. Es war einfach zu verrückt! Bis zum Morgengrauen bekriegten sich der Esel und das Rudel und blieben mir fern.

Was für eine schräge Nacht! Gerettet von einem Esel! Das glaubt mir niemand!

 Der Herr ist mein Licht und mein Heil, vor wem sollte ich mich fürchten? Der Herr ist meines Lebens Zuflucht, vor wem sollte ich erschrecken? Psalm 27,10; ELB

 Was in deinem Leben empfindest du als bedrohlich? Was macht dir Angst? Träumst du vielleicht von einem Abenteuer? Bring es im Gebet zu Gott und vertraue darauf, dass er dir helfen wird.

ICH HABE ES SATT ZU HUNGERN!

Seit ich mit 14 Jahren einen Vortrag über einen Aufenthalt in Tansania gehört hatte, war es mein großes Ziel, nach der Schule auch nach Tansania zu gehen und dort den Menschen zu dienen. Mir war, als lege Gott mir diesen Wunsch aufs Herz. Und so begann ich nach der 12. Klasse meinen Freiwilligendienst in diesem afrikanischen Land. Zusammen mit Betty, meiner Mitfreiwilligen, lebte ich in einem kleinen Dorf am Fuße des Kilimandscharos und lernte das Leben der Einheimischen und ihre Landessprache Kiswahili kennen. Wir unterrichteten an einer Vorschule und arbeiteten bei der christlichen Organisation „Compassion" mit.

Doch ich wurde gleich in der ersten Woche meines Aufenthalts krank. Die tansanischen Speisen und das verunreinigte Trinkwasser waren ungewohnt für meinen Magen, und ich litt immer wieder an Magen-Darm-Beschwerden. In den ersten zwei Monaten griff ich auf meine Reiseapotheke zurück und blieb geduldig. Ab dem dritten Monat begann ich mir langsam Sorgen zu machen, weil mittlerweile jede Mahlzeit, die ich zu mir nahm, von der Angst begleitet war, kurz danach wieder starke Bauchkrämpfe zu haben. Als die Schmerzen immer stärker wurden, beschloss ich, einen Arzt aufzusuchen. Im Krankenhaus sagte man mir, dass ich vermutlich Parasiten im Darm habe. Als sich nach weiteren zwei Monaten trotz Antibiotika keine Verbesserung einstellte, entschied ich mich, meine Ernährung komplett umzustellen und nur noch Lebensmittel zu essen, die mir keine Bauchschmerzen bereiteten. Das führte dazu, dass ich hauptsächlich nur noch Obst, Gemüse und Kartoffeln aß.

Ich bewegte mich tagsüber sehr viel. Wir unterrichteten, schleppten Wassereimer zum Brunnen und zurück, spielten draußen mit den Kindern, gingen zum Markt, besuchten Einheimische und erkundeten die faszinierende Landschaft bei Spaziergängen oder Joggingeinheiten. All diese Faktoren trugen dazu bei, dass ich in kurzer Zeit extrem viel Gewicht verlor. Als ich nach meinem Freiwilligenjahr am Frankfurter Flughafen ankam, wog ich 25 Kilogramm weniger. Alle waren bei meinem Anblick schockiert und sorgten sich sehr um mich. Die Aufmerksamkeit tat mir gut. Als „Mittelkind" fühlte ich mich in meiner Kindheit und Jugendzeit häufig von meinen Eltern übersehen. Ich gab es zwar nie offen zu, aber ich freute mich darüber, abgenommen zu haben und deshalb Beachtung zu finden. Und so begann ich, weitere Lebensmittel von meiner „Erlaubt-Liste" zu streichen und aß von Tag zu Tag etwas weniger.

Es kamen immer mehr Menschen auf mich zu und fragten besorgt, ob es mir gut gehe und ob ich mein Essverhalten im Griff habe. Meine Mutter und ich stritten uns täglich am Abendbrottisch, weil ich mich weigerte mitzuessen. Wir diskutierten darüber, mit wie viel Öl sie die Zwiebeln in der Pfanne anbraten dürfe und warum ich meinte, jeden Tag joggen gehen zu müssen. Die Stimmung war angespannt, und ich war froh, als ich zum Studium in eine WG nach Münster umzog. Dort hatte ich meine „Freiheit". Niemand diskutierte mit mir über meine (krankhaften) Essgewohnheiten. Ich nahm immer weiter ab. Jeden Tag prüfte ich meine Figur im Spiegel, trieb stundenlang Sport und rechnete die Kalorien meiner Mahlzeiten aus.

Und dann hatte ich meine erste „Heißhungerattacke". Mein Körper war seit Tagen unterzuckert und von mir an seine Grenzen gebracht worden. Eines Abends fuhr ich nach meiner letzten Vorlesung nach Hause und hatte ein extrem starkes Bedürfnis nach Schokolade, Eis und Keksen. Ich kaufte mir alles und schloss mich in meinem Zimmer ein. Dann aß ich ein „verbotenes Lebensmittel" nach dem anderen, bis mir so schlecht war, dass ich weinend auf meinem Zimmerboden zusammenbrach und vor Schmerzen meinen Bauch hielt. Am nächsten Tag verbot ich mir jegliche Nahrungsaufnahme. Am Abend ging ich spazieren und betete zu Gott. Mir war so elend. Warum ließ er zu, dass es mir so schlecht ging? Ich hatte ihm in Tansania mein Leben anvertraut, und seitdem wurde ich immer kränker. Was dachte er sich dabei? Ich empfand das als ziemlich unfair! Als ich gerade durch eine bewaldete Allee ging, war da eine Stimme in meinem Kopf, und ich glaube, dass es Gottes Stimme war: „*Greta, lass los. Lass einfach los, was dich festhält. Ich will dich frei machen!*"

Dieser Moment war schmerzhaft und wunderbar zugleich. In diesem Moment verstand ich, dass die Parasiten überhaupt nicht mein Problem waren. Die Liste meiner „No-Go-Lebensmittel" war mittlerweile länger als die Seiten eines Telefonbuchs, und wenn ich keinen Sport machte, quälten mich Gewissensbisse. Mein Spiegelbild löste in mir starken Selbsthass aus, und ich konnte einfach nicht mehr zu normalen Essgewohnheiten zurückkehren. Das „Dünn-Sein" war zu meinem Götzen geworden – ich war an einer Essstörung erkrankt. In dieser Nacht weinte ich bitterlich.

Meine Therapeutin und auch meine Mutter rieten mir, in eine Klinik zu gehen; doch ich weigerte mich strikt, weil ich dafür nicht „krank" genug sei. Auch die Vorstellung, jeden Tag über 3.500 Kalorien zu mir nehmen zu müssen, keinen Sport machen zu dürfen und mein Studium abzubrechen, um dort fünfzehn Wochen zu wohnen, war unerträglich für mich. Nachdem ich meiner Mutter wieder versucht hatte, zu verklickern, dass ein Klinikaufenthalt für mich keine Option war, lag ich vor Erschöpfung und Hoffnungslosigkeit auf dem Boden meines Zimmers und weinte. Wo war Gott? Ich brauchte seine Hilfe!

Ich fühlte mich von allen verlassen. An diesem Abend hörte ich mir eine Predigt über Elia an, den Propheten, der erst mit seinem ganzen Leben für Gott kämpfte und dann verfolgt wurde. Aus Todesangst floh er schließlich in die

Wüste, wo er ganz allein war und depressive Gedanken ihn quälten. Er klagte Gott sein Leid. Gott begegnete ihm und schickte ihm einen Engel, der ihn mit Nahrung versorgte. Ich bat Gott, mir auch einen Engel zu schicken, der mich rettete und mir wieder Lebensfreude schenkte.

Es war schon spät, als ich mein Handy nahm und die Nummer der Psychosomatischen Praxis des Universitätsklinikums wählte. Mir war bewusst, dass um diese Uhrzeit keiner mehr ans Telefon gehen würde, aber dann könnte ich wenigstens behaupten, es probiert zu haben.

Gerade als ich auflegen wollte, nahm jemand am anderen Ende der Leitung den Hörer ab. Es war der Professor der Klinik, der gerade als Letzter das Büro verlassen wollte. Ich war so überrascht, dass ich zunächst schnell wieder auflegen wollte. Doch er hakte nach, und so stellte ich mich vor und berichtete ihm von meiner Krankheit und meiner großen Angst, in eine Klinik zu gehen. Er hörte mir ruhig und aufmerksam zu. Ab und zu stellte er Fragen und schlug mir dann vor, am nächsten Nachmittag in seinem Büro vorbeizuschauen. Vor lauter Erstaunen über das gerade geführte Gespräch willigte ich ein. Und so saß ich am nächsten Tag in der Klinik und führte meine Unterhaltung mit dem Professor fort. Ich erzählte ihm von den Anfängen meiner Krankheit, meinen negativen Gedanken und Gefühlen und auch von meinen Glaubenszweifeln. Bevor ich ging, zitierte er einen Psalm Davids aus der Bibel und sagte mir, dass es okay sei, wenn ich Gott in dieser Zeit anklage. Ich sei ihm nicht egal, Gott wolle mit mir durch diese schwere Zeit gehen. Als der Professor mir diese Worte zusprach, war ich total baff! Er war, genauso wie ich, Christ!

Einige Tage später schrieb er meinen Namen auf die Warteliste der Klinik und erklärte mir, dass es bis zu drei Monaten dauern könne, bis ein Platz für mich frei sei. Doch wie durch ein Wunder erhielt ich schon zwei Wochen später einen Anruf mit der Nachricht, dass ich in fünf Tagen in der Klinik aufgenommen werden könne. Gott hatte mein Gebet erhört. Er hatte mir wahrlich einen Engel gesandt, der Hoffnung in meine Hoffnungslosigkeit brachte. Auch wenn ich mich noch immer unbehaglich fühlte, wusste ich, dass Gott dafür verantwortlich war, dass ich so schnell einen Klinik-Platz bekommen hatte, und ging diesen Schritt im Vertrauen auf ihn.

Mit den Therapiegesprächen brachen auch alte Verletzungen wieder auf und Gedankenkonstrukte, in die ich mich geflüchtet hatte. Mir war, als nähme man mir alles, was ich „besaß". Doch in Wahrheit war die Magersucht nichts, woran festzuhalten es wert war. Ich wurde dazu ermutigt, meinen Wert nicht mehr von meinem Aussehen abhängig zu machen und klärende Gespräche mit Familienmitgliedern zu führen. Ich setzte mich intensiv mit mir selbst auseinander und erlangte dadurch innere Stärke. Das Essen rückte dann mehr und mehr in den Hintergrund. Ich lernte mich neu kennen und erlangte so ein ganz neues Lebensgefühl: ein Gefühl von Freiheit und Lebensfreude, das ich um keinen Preis wieder verlieren wollte!

Mein Weg mit der Essstörung liegt noch nicht komplett hinter mir. Es gibt immer noch gute und weniger gute Tage. Ich frage mich noch immer, warum Gott mich nicht einfach „über Nacht" geheilt hat. Ich habe schließlich so oft für eine Wunderheilung gebetet. Doch heute bin ich Gott wirklich dankbar für den Weg, den ich bis hierhin gehen musste und den ich weitergehe. Ich habe mich in den letzten Jahren immer besser kennengelernt und neue Stärken in mir entdeckt. Ich habe gelernt, meine Meinung zu vertreten und mich abzugrenzen, mich selbst anzunehmen. Vor allem ist mein Glaube durch die Krankheit extrem gewachsen. Häufig blieb mir nichts anderes mehr übrig, als zu Gott zu schreien und auf sein Eingreifen zu warten. Und er war mir bis heute treu. Ich habe keine Angst mehr vor dem, was in der Zukunft auf mich wartet. Er wird mit mir gehen und mit mir jedes Hindernis überwinden. Darauf vertraue ich!

Greta Marieke Dittmer

 Elia wanderte einen Tag lang weiter bis tief in die Wüste hinein. Zuletzt ließ er sich unter einen Ginsterstrauch fallen und wünschte, tot zu sein. „Herr, ich kann nicht mehr!", stöhnte er. „Lass mich sterben! (...)" Er streckte sich unter dem Ginsterstrauch aus und schlief ein. Plötzlich wurde er von einer Berührung geweckt. Ein Engel stand bei ihm und forderte ihn auf: „Elia, steh auf und iss!"
1. Könige 19,4–5; LU

Wo steckst du fest und kommst aus eigener Kraft nicht heraus? Wo sagst du wie Elia: „Ich kann nicht mehr"? Gott sieht dich und holt dich da raus! Er ist an deiner Seite.

„Ich kenne den Weg nicht, den Gott mich führt, aber sehr gut kenne ich den, der mich führt."
Martin Luther

GLAUBE UND ZWEIFEL

Als Kind war ich oft in den Kindergottesdiensten und hatte mit 9 Jahren auch Kommunion. (Ja, ich bin katholisch.) Damals dachte ich auch, ich würde an Gott glauben. Aber jetzt – ein paar Jahre später – ist mir bewusst, dass das kein wirklicher Glaube war. Wenn überhaupt, dann war es nur ein „Kopieglaube", also der Glaube von anderen, den ich irgendwie „mitgeglaubt" hatte. Aber es fehlten meine eigenen Gedanken, Gefühle und Überzeugungen.

Und mit diesem Glauben habe ich mich dann von Freizeit zu Freizeit gehangelt.

Kennst du diese Aktionen auf christlichen Freizeiten, bei denen man sich für den Glauben an Gott entscheidet und das dann vor anderen bezeugt? Hast du schon Leute erlebt, die in Tränen ausbrechen, weil die Bekehrung sie angeblich so berührt? Ich meine, vielleicht gibt es dieses Gefühl durch Gott ja wirklich. Vielleicht ist es ja tatsächlich so, dass ihn manche Menschen so stark erleben, dass sie einfach nur noch heulen können. Wer weiß ... Ich jedenfalls habe es noch nicht erlebt.

Immer wieder hatte ich auf solchen Freizeiten Gespräche mit Mitarbeitern und anderen Teilnehmern. Und immer wieder gab es auch Momente, in denen ich überzeugt davon war, auch zu glauben. Als ich von der Freizeit zurückkam, hab ich sogar anderen von meinem Glauben erzählt.

Aber dann hat eine Person extrem negativ auf meine Äußerungen reagiert. Dies hat dazu geführt, dass ich in eine Art „Trotzglauben" gefallen bin. Ich glaubte, um anderen zu beweisen, dass es mir egal ist, was sie von mir denken. Ich wollte Stärke beweisen und zeigen, dass ich im Recht war ... Aber dieser Trotzglaube führte dazu, dass Gott ganz eindeutig seine Bedeutung für mich verlor. Er stand nicht mehr im Mittelpunkt. Und das war dann – wie der Kopieglaube, von dem ich gerade erzählt habe – kein wirklicher Glaube mehr.

Ja, ich bin eine große Zweiflerin. Ich habe oft das Gefühl, im Grunde nur einem irrealen Ziel hinterherzurennen. Wenn man sieht, wie kleine Kinder aus voller Überzeugung Lieder mit Texten wie „Ich bin ein glückliches Königskind" singen, ahnt man, wie einfach das sein kann. Ich meine, sie verstehen die Bedeutung dieser Worte vielleicht noch gar nicht. Aber sie haben einen echten Glauben. Sie vertrauen Gott voll und ganz.

Es gibt glaubensmäßig auch Sachen, die ich anders sehe als einige der sogenannten „Superchristen", die auf alles eine Antwort haben und anscheinend nie zweifeln. Aber genau das ist es doch, was am Ende meinen eigenen Glauben ausmacht!

Jetzt, kurz nach den Sommerferien, habe ich all meine Zweifel mit einigen Freizeitmitarbeitern geteilt – auf einer Wohnwoche in der Gemeinde –, und das hat mich irgendwie ... befreit. Abends habe ich dann das erste Mal seit langem gebetet. Auf einmal kamen mir zwei Liedzeilen, die ich wirklich lange nicht mehr gehört hatte, in den Sinn: „Ja, ich glaub an Gott den Vater" und „Schenk mir ein neues, ungeteiltes Herz". Diese beiden Zeilen haben mir in der Situation sehr geholfen. Ein neues, ungeteiltes Herz ist das, was ich möchte und brauche, um meine Zweifel beiseite zu legen. Und die andere Liedstelle hat mir gezeigt, dass mein Glauben eigentlich schon immer da war und da ist.

Das Gefühl, das ich in diesem Moment hatte, war einzigartig. Ich habe mich sicher und bestätigt gefühlt. Ich verstand auf einmal, dass man Gott auch in den Gesprächen mit anderen Menschen begegnen kann. Das ist für mich die wichtigste Form der Gottesbegegnung geworden, denn es zeigt mir, dass Gott überall ist und mir mit jedem einzelnen Menschen Antworten auf meine Fragen schicken kann. Es ist einfach ein besonderer Moment, wenn Menschen dir genau das sagen, was deine innere Unruhe beruhigt, und sie dich vielleicht sogar in einem mutigen Vorhaben, etwas für Gott zu tun, bestätigen.

Das vergesse ich im Alltag leider relativ oft. Ja, ich muss noch stark daran arbeiten, an meinem Glauben festzuhalten, dazu zu stehen und danach zu leben. Aber ich weiß: Einen „Kopieglauben" oder einen „Trotzglauben" brauche ich nicht, denn den würde ich irgendwann verlieren. Was mich trägt, ist *mein* Glaube – mit allen Zweifeln, die eben auch dazugehören.

Lotta Ellend

 Ich glaube ja! Hilf mir bitte aus meinen Zweifeln und meinem Unglauben!
Markus 9,24

 Zweifelst du auch manchmal an Gott oder an seiner Liebe zu dir? Was hilft dir in Momenten des Zweifelns? Bitte Gott doch auch darum, dir zu zeigen, wie du deinen ganz eigenen Weg im Glauben finden und gehen kannst.

Glauben und zweifeln

Zweifel sieht die Hindernisse,
Glaube sieht den Weg;
Zweifel sieht die schwärzeste Nacht,
Glaube sieht den Tag;
Zweifel fürchtet jeden Schritt,
Glaube verleiht Flügel;
Zweifel fragt: „Wer glaubt schon?"
Glaube antwortet: „Ich."

anonym

WIE ICH GOTT BEI IKEA BEGEGNETE

Meine Freundin ist Christin und erzählte mir von ihrer Gemeinde. Sie fragte mich, ob ich Lust hätte, mal mitzukommen. Jedes Jahr nach den Sommerferien gibt es dort eine YC-WG, die „Yeshua-Club-Wohngemeinschaft". In der YC-WG wohnt man eine ganze Woche lang in der Gemeinde, man übernachtet dort und geht von dort aus zur Schule. An den Nachmittagen und Abenden gibt es dann Programm.

Weshalb ich mit hingegangen bin, obwohl ich gar nicht christlich war? Die Antwort lautet: Ich wollte das haben, was die anderen auch haben – ich wollte jemanden haben, dem ich bedingungslos vertrauen kann, dem ich meine Probleme, Ängste und auch die schönen Dinge erzählen kann. Ganz unbedingt wollte ich das!

Wir wuchsen während der WG-Woche zu einer Gemeinschaft zusammen und erlebten jeden Tag was Neues. Wir redeten über Gott, beteten zusammen und hatten viel Spaß. Nachmittags gab es verschiedene Workshops: einen Lebensgarten gestalten, eine Hüttenecke bauen oder ein großes Tuch mit Ideen für einen „Treffpunkt mit Gott" bemalen. Alle Workshops hatten etwas mit Gott zu tun, und am Ende der Woche haben wir unseren eigenen Gottesdienst gemacht.

Während der WG-Woche ging ich immer mehr Schritte auf Gott zu. Ich fand es schön, viel über ihn zu lernen und für andere zu beten. Ich betete zum ersten Mal so richtig persönlich. Denn so einen Glauben wollte ich auch haben! Und: Ich wollte Gott auch unbedingt begegnen. So etwas kann man natürlich schwer umsetzen, denn: Wie begegnet man jemandem, den man nicht sieht? Und wo muss man hingehen, um Gott zu begegnen? Und wie weiß man denn, dass man Gott begegnet ist?

An einem Tag in der WG-Woche fuhren wir weg, wobei keiner von uns vorher wusste, wohin. Nur unser Leiter wusste Bescheid. Nach etwa einer Dreiviertelstunde Fahrt standen wir vor Ikea. *Oookay, essen wir jetzt ein Hotdog, oder was haben wir vor?*, dachte ich. Alle fragten sich, wieso wir ausgerechnet hierher gefahren waren.

Als wir in dem Möbelhaus standen, sollte sich jeder Einzelne von uns einen ruhigen und schönen Platz suchen. Dort sollten wir uns hinsetzen, Bibel lesen oder einfach über Gott und die Bibel nachdenken. Alle fanden schnell einen Super-Platz, doch ich nicht wirklich. Als ich dann zum zweiten Mal durch die Gänge irrte, entdeckte ich hinter einer kleinen Küche einen winzigen „Gartenraum". In diesem Raum war ein kleiner Tisch mit zwei Stühlen, an der Wand hing ein Regal mit Kunst-Blumen, und an den Wänden klebte eine Fototapete, die so wirkte, als würde man auf einer Terrasse sitzen. Dort setzte ich mich hin. Ich hatte mir verschiedene Bibelstellen rausgesucht, um über Gott und mein Leben nachzudenken. Doch es fühlte sich ziemlich komisch an, vor anderen Leuten dazusitzen, die Augen zu schließen, zu beten und in der Bibel zu lesen. Bestimmt dachten die Leute, die vorbeiliefen: *Was ist denn mit der los?* Doch dann war mir das auf einmal völlig egal ...

Für mich war hier und jetzt mein persönliches Treffen mit Gott. Gott war da und ich war da, und wir hatten eine gute Zeit zusammen. Alles andere war für den Moment einfach weg. Und dann auf einmal passierte es: Ich spürte richtig stark, dass Gott bei mir war. Ich sah ihn nicht, aber ich spürte ihn in meinem Körper, besonders in meinem Herzen. Es war so, als stünde Gott genau neben mir. Nur dass ich Gott eben nicht mit meinen Augen sah. Ich redete mit ihm, auch über meine Familie und meine Freunde. Ich erzählte ihm von meinen Problemen und auch von meinem Opa und meiner Tante, die beide gestorben waren – und um die ich immer noch trauerte.

Nachdem ich Gott alles erzählt hatte, fühlte ich mich besser. Er war bei mir – und ich spürte es.

Ich bin dankbar dafür, dass ich Gott dort im Ikea begegnet bin. Ich hatte nun auch so einen Glauben wie die anderen. Das war echt motivierend, denn ich wollte mich meinen Problemen und meinen Ängsten stellen – und jetzt wusste ich, dass einer bei mir ist und mir hilft.

Nach dem Gebet las ich noch ein paar Bibelverse – und plötzlich verstand ich jedes Wort! Es war so, als wäre die Bibel eine Tür für die Begegnung mit Gott ...

Die Woche ging schnell vorbei. Aber mein Leben mit Gott ging natürlich weiter!

Jetzt gehe ich regelmäßig in die Gemeinde und führe ein Leben als Königskind Gottes.

Ja, es ist manchmal echt schwer, den Glauben im Alltag zu leben – in der Schule, zu Hause und auch anderswo. Aber alles ist möglich, wenn man nur will und Gott vertraut. Ich bin immer noch unerfahren mit dem Thema „Glaube und Gott", aber alles kommt sicher mit der Zeit. Denn ich will mehr erfahren …

Ein Leben mit Gott ist das Beste, was mir passieren konnte!

Sophie Schygulla

 Wenn ihr mich sucht, werdet ihr mich finden. Ja, wenn ihr von ganzem Herzen nach mir fragt, will ich mich von euch finden lassen. Das verspreche ich, der Herr.
Jeremia 29,13 – 14; Hfa

 Auf welche Weise ist Gott dir schon begegnet? Mach doch mal ein „Date mit Gott" und trag es in deinen Terminplaner ein. Was willst du in dieser Zeit mit Gott machen? Vielleicht einen Gebetsspaziergang, Musik hören und beten oder zusammen mit ihm ein Eis essen und plaudern wie mit deinem besten Freund?

MAJA: „ICH GEH DOCH NUR NACH HAUSE"

Was war das doch für eine wunderbare Begegnung im Sommer 2015 im Camp für krebskranke Kinder! Da stand sie vor mir, Maja. Mit einem Strahlen, das irgendwie nicht von dieser Welt war. Sie war 15 Jahre alt und bewegte mein Herz auf unbeschreibliche Weise. Sie hatte schon 28 Operationen und 18 Monate Krankenhausaufenthalt hinter sich, und doch war sie voller Dankbarkeit und Lebensfreude.

Wenige Monate nach unserer ersten Begegnung schrieb sie mir eine erschütternde Nachricht. Die Ärzte hatten keine Hoffnung mehr und gaben ihr maximal noch sechs Monate. Sie bat mich, nie mit meinen Projekten aufzuhören. Und machte sich noch eine „To-do-Liste" …

Maja wollte noch nach New York, London, Wien – und sie wollte mich auf eine Vortragsreise begleiten, bevor sie „nach Hause" gehen musste. Dieser kleine Engel wollte einen Teil ihrer kurzen Zeit mit mir unterwegs sein – welch eine Ehre! So düsten wir in der Adventszeit in Richtung

Ostdeutschland. Es standen ein Vortrag vor etwa hundert Leuten auf dem Plan (zu dem dann über dreihundert kamen) und zwei Schulgottesdienste.

Es war eine unvergessliche vorweihnachtliche Reise, bei der uns auch meine Kollegin und mein erwachsener Sohn begleiteten. Wir erlebten so viele kostbare Momente zusammen. Maja bewunderte die Morgenröte und entdeckte Farben, die wir selbst so noch nie gesehen hatten. Wir lachten um die Wette, einmal sogar so sehr, dass wir uns die Bäuche hielten. Dann wiederum hatten wir so tiefe Gespräche, die unser Innerstes berührten.

Während der ganzen Reise hinterließ Maja eine Spur der Liebe. So besuchten wir einen Freund von uns, der schon mal einen Herzstillstand erleiden musste. Dann kam der Tag, an dem ich in einem total überfüllten Kinosaal vor über dreihundert Menschen sprechen sollte. Maja und ich hatten zuvor vereinbart, dass sie nach meinem Vortrag, bei dem es um Versöhnung und die Liebe Gottes ging, noch ein paar Worte ergänzt.

Dann war es soweit. Maja stand mit ihrer Krücke auf der Bühne. Es war eine unbeschreibliche Stille im Saal. „Ich muss bald sterben." Mit diesem Satz eröffnete sie ihre kurze Ansprache. Während ich das jetzt hier in meinen PC eintippe, muss ich weinen. Das Publikum war tief ergriffen, viele zückten ihre Taschentücher. Manche weinten laut, mache unterdrückten ihr Schluchzen, versteckten ihre Tränen. Ich glaube, jedes einzelne Herz wurde an diesem Abend berührt. Sie sprach weiter: „Ihr müsst nicht weinen, ich gehe doch nur nach Hause. Der himmlische

Papa steht mit ausgebreiteten Armen da und empfängt mich!"

Es waren nur wenige Sätze, doch Maja hatte so viel gesagt. Keiner widersprach ihr. Es gab keine Grundsatzdiskussionen um Religion, Glaube oder sonst etwas. Irgendwie spürten alle im Saal, dass dieses wunderbare Mädchen die Wahrheit sagte. Ja, Gottes Anwesenheit war spürbar, greifbar. Es war ein Stück von Weihnachten. Es war einer dieser Momente, die man nicht mit Worten beschreiben kann.

Kurz nach ihrem ergreifenden Auftritt wurde ein 13-jähriges Mädchen zu Maja gebracht, das wenige Tage zuvor seinen Papa verloren hatte. Und ich durfte wieder von Maja lernen. Sie nahm das andere Mädel einfach in den Arm. Die 15-jährige, die nicht mehr viel Zeit zu leben hatte, nahm die zwei Jahre Jüngere, die gerade einen heftigen Verlust erlitten hatte, ganz fest in die Arme. Maja tröstete sie nicht mit ein paar wohlgemeinten Ratschlägen oder ein paar Bibelversen, nein. Sie ließ das Mädchen einfach ihre Nähe und Anteilnahme spüren.

Während ich einige Gespräche führte, schaute ich immer wieder zu den beiden hinüber. Sie hielten sich immer noch. Eng umschlungen standen sie vor der Bühne. Es verging knapp eine Stunde. Maja, die große Probleme hatte beim Stehen, stand eine Stunde, um dieses Mädchen zu halten und zu trösten.

Ich glaube, dass Gott persönlich durch Maja das Mädchen in den Arm nahm. Ich glaube, dass dieses Mädchen in diesem Moment Weihnachten erlebte.

Am nächsten Morgen frühstückten Maja und ich gemeinsam. Es war unser letztes gemeinsames Frühstück. Da musste ich daran denken, dass Petrus vor über zweitausend Jahren auch ein ganz besonderes Frühstück hatte … Er hatte Jesus dreimal verleugnet. Kurz davor hat ihm dieser noch seine Füße gewaschen. Wie traurig muss Petrus gewesen sein. Bis zu dem Moment, als er den Geruch von Frühstück am Strand wahrnahm. Und eine Erkenntnis durchzuckte ihn: Jesus ist da! Er ist tatsächlich auferstanden, hat den Tod besiegt. Und steht nun am Ufer und hat Frühstück gemacht. Schuld, Trauer und Scham mussten mit jedem Meter, den Petrus näher an Jesus herankam, weichen. Und dann stellt Jesus diese eine Frage an Petrus: „Liebst du mich?" Und der Duft nach Frühstück bestätigt Simon Petrus: „Ja, ich bin geliebt, egal, was war!"

Durch diese österliche Geschichte weht ein Hauch von Weihnachten. Ja, mehr als ein Hauch: ein Liebesorkan! Und er verkündet einen Gott, der die Herrlichkeit des Himmels mit einem dreckigen Stall eintauscht, der nackt und elendig geboren wird und nackt und elendig stirbt. Der Blinde sehend macht, Taube hörend, Lahme gehend und Tote lebendig. Einen Gott, der liebevoll Füße wäscht, Frühstück macht und nach Liebe fragt.

Maja liebte Jesus von ganzem Herzen. Er war ihre ganze Hoffnung. Diese Hoffnung und Dankbarkeit versprühte sie reichlich. Ich hörte sie nie klagen. Dieses Frühstück werde ich nie vergessen. Sie begann es mit einem Gebet und lud Gott an unseren reich gedeckten Tisch ein. Er war da. An diesem Adventsmorgen hatten wir „Weihnachten pur".

Auf der Fahrt zum Schulgottesdienst erzählte Maja von ihrer Begeisterung über die Liebe Gottes. Viele, sehr viele Menschen wurden in dieser Zeit von Gottes Liebe berührt. Es gab nach dieser vorweihnachtlichen Reise noch viele kostbare Momente mit ihr.

Kurz bevor Maja starb, ließ sie sich taufen. Wie sie selbst sagte, zum Zeichen dafür, dass sie zu Jesus gehörte. Am 18. März 2016 ging sie dann zu Jesus.

Ich möchte diese Geschichte mit Majas Worten schließen, die sie nach meinem Vortrag in diesem Gottesdienst sagte: „Lebt miteinander in Liebe."

Michael Stahl

 Gott ist Liebe, und wer in dieser Liebe bleibt, der bleibt in Gott und Gott in ihm.
1. Johannes 4,16; Hfa

 Wie kannst du anderen mit Liebe begegnen? Lass dich von Gott inspirieren!

WOZU UM ALLES IN DER WELT SOLL ICH MICH TAUFEN LASSEN?

„Man lässt sich taufen, wenn man etwas richtig Cooles mit Gott erlebt hat und schon ganz weit im Glauben ist!"

Mit dieser Überzeugung habe ich mit 15 das Thema Taufe für mich abgehakt. Ja, ich war zwar Christ, dachte aber, dass man irgendetwas Krasses erlebt haben muss, bevor man diesen Schritt macht. Ich überließ dieses Thema den Älteren in der Gemeinde, die schon eine Lebenskrise hinter sich hatten, und anderen Jugendlichen, die durch irgendein einschneidendes Erlebnis zum Glauben gefunden hatten.

Wie viele Freunde von mir bin auch ich in einem christlichen Elternhaus aufgewachsen, ging damals in eine Gemeinde und einen Jugendhauskreis – und war selbstverständlich auf jedem christlichen Jugendevent dabei. Ich versuchte (mehr oder weniger), meinen Glauben im Alltag und vor allem auch in der Schule zu leben. Aber ich wusste nicht, wozu ich da jetzt noch eine Taufe „brauchte" und was die mir „nützte". *Eine Taufe ist etwas ganz Besonderes*, dachte ich. *Dazu wird man von Gott gerufen, zum Beispiel durch eine sehr bewegende Umkehr oder durch einen ganz besonderen Eindruck von Gott, den man von einer anderen Person übermittelt bekommt.*

Eines Abends lasen wir im Jugendhauskreis die Stelle im Matthäus-Evangelium, wo es heißt, dass nach der Taufe von Jesus eine Stimme aus dem Himmel kam, die sagte: „Dieser ist mein geliebter Sohn, an dem ich Wohlgefallen gefunden habe" (Matthäus 3,17; ELB). Ich war fasziniert und dachte bei mir: *Na, bei so einer direkten Ansprache Gottes würde ich mich auch sofort taufen lassen.*

Einige Monate später war ich mal wieder auf einem Jugendevent. Meine Freundin und ich unterhielten uns gerade mit einem fremden Typen, der mich irgendwann im Gespräch fragte: „Bist du eigentlich getauft?"

„Nein."

„Wieso nicht?"

Pfff! Da wagte es jemand, mich von der Seite so unverblümt auf ein Thema anzusprechen, das für mich noch in so weiter Zukunft lag! Beim Antworten geriet ich allerdings ins Stocken. Ich sagte, was ich immer gedacht hatte: dass ich noch nicht so weit im Glauben sei, dass man dafür noch etwas sehr Cooles mit Gott erlebt haben musste, und dass man ja irgendwie fühlen würde, wenn das Thema „dran" war.

Mein Gegenüber ließ meine Argumente allerdings nicht durchgehen. „Du bist doch Christ, oder? Dann kannst du dich auch taufen lassen! Worauf willst du denn noch warten?" Dann erzählte er mir, dass die Taufe im Neuen Testament meist eines der ersten Ereignisse im Leben eines Christen gewesen sei. Lydia zum Beispiel sei eine Jüdin gewesen, die von Jesus reden hörte, daraufhin Christin wurde und sich gleich danach taufen ließ. „Zwischen dem Beginn ihres Christseins und ihrer Taufe kann also noch gar nicht so viel Krasses passiert sein", sagte der junge Mann zu mir. „Vielmehr scheint die Taufe bei ihr den Anfang eines Lebens mit Jesus markiert zu haben." Und mein Gesprächspartner wies mich auch darauf hin, dass Jesus sich *vor* dem Beginn seines öffentlichen Auftretens hatte taufen lassen – und nicht erst, *nachdem* er tausend Wunder getan hatte.

Dieses Gespräch ließ mich, auch wenn ich es zuerst nicht zugeben wollte, nachdenklich zurück. Konnte ich echt von meiner Vorstellung abrücken, dass ich von Gott höchstpersönlich zur Taufe gerufen werden müsste?

Es dauerte noch ein Weilchen, aber dann erkannte ich: Ja, ich bin tatsächlich berufen, mich taufen zu lassen, denn: Ich glaubte an Jesus und daran, dass er mir durch seinen Tod neues Leben schenken wollte. Und ich war mit ihm auf dem Weg. Und das hieß bei Gott nicht, dass ich schon alles im Glauben begriffen oder etwas Superkrasses mit ihm erlebt haben musste. (Hätte ich darauf gewartet, dann hätte ich mich vermutlich bis zum Ende meines Lebens nicht taufen lassen …) Ich las in der Bibel, wie sich alle Christen taufen ließen, und wie Jesus seinen Jüngern den Auftrag gab, Menschen mit ihm bekanntzumachen und sie zu taufen. Die logische Schlussfolgerung war für mich: Ich war keine Ausnahme.

Und so fasste ich also den Entschluss, nicht länger zu

warten. Zu meiner Taufe lud ich dann auch Freunde aus der Schule ein, die mit dem Glauben an Jesus nichts zu tun hatten. Gerade die fanden den Gottesdienst und die Taufe ziemlich cool (wenn auch ungewohnt), und in den Jahren danach habe ich mir öfter gewünscht, ich würde noch mal so eine Gelegenheit haben, um nichtgläubige Leute dazu einzuladen.

Als ich aus dem Fluss, in dem ich getauft worden war, wieder ans trockene Ufer lief, fühlte ich mich hauptsächlich nass, kalt und nicht sonderlich verändert. Das war mir in dem Moment aber gar nicht wichtig. Ich hatte das getan, wozu Jesus schon die Menschen aufgefordert hatte, und ich durfte wissen, dass er weiter mit mir auf dem Weg ist. Das reichte mir vollkommen.

Isabel Leuchtmann

 Nun seid ihr alle zu Kindern Gottes geworden, weil ihr durch den Glauben mit Jesus Christus verbunden seid. Ihr gehört zu Christus, denn ihr seid auf seinen Namen getauft.
Galater 3,26; Hfa

 Bist du getauft? Kannst du dich an diesen Tag erinnern? Und wenn nicht (weil du als Baby oder kleines Kind getauft wurdest): Hast du einen Taufspruch – und kennst du diesen Bibelvers?

WIEDER FESTEN BODEN UNTER MEINEN FÜSSEN

Als ich klein war, hielt ich es für unvorstellbar, dass es einen Gott gibt. Ich glaubte, es sei absolut logisch, dass so etwas wie Gott einfach nicht existiert. Irgendwann bemerkte ich, dass Pastoren tatsächlich auch selbst glaubten, was sie da erzählten, und daraus schloss ich, dass Christen allgemein nicht besonders viel darüber nachgedacht haben können, was sie da glauben.

Alles, was ich über das Christentum wusste, wurde mir im Ethikunterricht beigebracht. Dass Adam und Eva irgendeine Frucht gegessen hatten und deshalb aus dem Garten Eden flogen, und dass Jesus am Kreuz gestorben ist. Mit vierzehn Jahren lernte ich eine gute Freundin kennen, die selbst Christin ist. Mira* war so ganz anders, als ich mir einen „typischen Christen" vorstellte. Ich fand heraus, dass sie gar nicht so „blind" und unüberlegt glaubte, wie ich es vermutet hatte …

---

* Name geändert

Ich stellte Mira tausend Fragen und begann langsam zu verstehen, dass die Bibel doch etwas mit meinem Leben zu tun hat. Die Ungerechtigkeit in der Welt stört Gott anscheinend noch mehr als mich. Er kann meinen Schmerz verstehen. Und sein Sohn Jesus kam auf die Welt, um mich von allem zu befreien, was ich falsch gemacht hatte – indem er für mich starb. Ganz schön krasse Aussagen, aber die berührten mich.

Der letzte „Schubs in die richtige Richtung" geschah, als ich in einem Gottesdienst war und hörte, wie Gott das Leben von anderen Menschen verändert hat und Gebete konkret beantwortet. Mir wurde klar: Ich konnte nicht länger sagen: „Ja, Gott gibt es doch", und weiterhin glauben, das würde nichts in meinem eigenen Leben verändern. Und Veränderung wünschte ich mir so sehr ... Ich wurde also Christ, begann, in die „Junge Gemeinde" (den Jugendkreis) meiner Freundin zu gehen, selbst zu Gott zu beten und in der Bibel zu lesen.

In der Zeit, bevor und auch nachdem ich begann, an Jesus zu glauben, ging es mir emotional sehr schlecht. Ich steigerte mich in Sorgen um andere Leute hinein, um meine eigenen Probleme zu verdrängen. Ich weinte fast täglich, ohne einen Grund dafür nennen zu können. Ich begann sogar, über Selbstmord nachzudenken. Ich wusste, dass das nicht die Lösung sein konnte, und dass es gut wäre, mit jemandem über meine Gedanken zu reden – eigentlich. Aber ich dachte, es würde mich eh keiner verstehen, es würde keiner glauben, dass es mir tatsächlich schlecht ging. Denn ich hatte ja eigentlich gar keinen „richtigen Grund" dafür.

Irgendwann gab ich mir einen Ruck und suchte mir schließlich doch Hilfe. Bei einem Jugendgottesdienst ließ ich für mich beten. Wir gaben gemeinsam all diese quälenden Gedanken und Probleme an Gott ab, und ich fühlte mich gestärkt und ermutigt. Langsam begriff ich, dass Gott mich haben will, genau hier und genau jetzt, und dass er einen Plan für mein Leben hat. Ich wusste: Ich würde mein Leben *nicht* beenden.

Doch irgendwie war ich überzeugt davon, dass ich nach diesem Gebet zu hundert Prozent „problemfrei" sein müsste. Dass alles perfekt sein müsste, wenn ich Christ bin. Ja, es ging mir schon besser als vorher – viel besser sogar –, aber eben immer noch nicht richtig gut. Ich beschäftigte mich danach längere Zeit nicht mehr damit, wie es in mir drin aussah. Doch dann brach alles wieder hervor ...

Wenn ich meine alten Tagebücher lese, merke ich, dass viele Einträge mit dem gleichen Satz anfangen: „Ich falle." Und genauso fühlte es sich auch an. Es war, als wenn ich in einen dunklen Raum hineinfiel, ohne Wände zum Festhalten zu haben, und ohne zu wissen, wie tief ich schon unten bin. Ich versank wieder und wieder in Phasen voll emotionalem Chaos, und wenn es mir psychisch gut ging, hatte ich bereits Angst vor der nächsten Phase.

Ich überlegte: *Geht es allen Menschen so wie mir? Überdramatisiere ich meine Situation etwa? Oder bin ich wirklich psychisch krank?* Hier eine kleine Anmerkung: Psychische Krankheiten sind eben genau das: Krankheiten, wie auch eine Grippe eine Erkrankung ist. Man geht zum Arzt und wird behandelt. Es macht einen nicht zu einem

„Schwächling" oder gar zu einem schlechteren Menschen, wenn man Therapie in Anspruch nimmt. Ich hatte trotzdem riesige Angst davor, mit einem Therapeuten zu reden, weil dies es „offiziell" gemacht hätte, dass ich ein Problem habe. Oder weil mir dann vielleicht gesagt worden wäre, dass alles gut ist und ich mir meine Probleme nur einbilde.

Ich fiel also weiter nach unten. Richtig bewusst wurde mir die Situation in der 11. und 12. Klasse. Nach der Schule wollte ich ein Auslandsjahr machen, und ich fragte mich, wie ich das nur überleben sollte, wenn es mir so schlecht ging. „Gott!", betete ich immer wieder, „ich kann das nicht! Wenn das so weitergeht, will ich nicht mehr."

In meinem letzten Schuljahr beschloss ich trotz meiner inneren Not, mich taufen zu lassen. Ich hatte damit gewartet, bis ich 18 war, da meine Eltern bis jetzt nicht so begeistert darüber sind, dass ich an Jesus glaube.

Zwei Wochen vor meiner Taufe unterhielt ich mich mit einer meiner besten Freundinnen. Nach einer Weile fragte ich: „Wünschst du dir eigentlich manchmal zu sterben?" Soweit ich mich erinnern kann, war das Gespräch superkomisch. Es war eine riesige Überwindung für mich, diese Frage überhaupt auszusprechen. Irgendwie hatte ich ein bisschen gehofft, dass sie die Frage bejaht ... dass also alles okay mit mir ist, weil es ihr ja auch so ging ... Da sie meine Frage verneinte, musste ich ihr also erzählen, was in mir los war.

Am selben Abend las ich in der Bibel und stieß auf einen Vers, der mir schon die ganze Zeit immer wieder durch den Kopf ging:

„Christus ist mein Leben und Sterben mein Gewinn" (Philipper 1,21).

Bisher lag jedes Mal, wenn ich über diesen Vers nachdachte, mein Fokus auf dem zweiten Teil des Satzes: „ ... Sterben mein Gewinn". Doch jetzt wurde mir zum ersten Mal so richtig klar, was es bedeutet, dass Christus mein *Leben* ist. Ich erkannte: *Er ist bei mir und lässt mich nicht allein in all dem Chaos. Jesus hat mir bereits alles geschenkt.* Allein diese Erkenntnis war ein riesiges Wunder für mich.

Aber Gott setzte noch eins drauf ...

Kurz darauf wurde ich, wie geplant, in einem See getauft. Die Taufe ist ja nicht nur ein öffentliches Bekenntnis des Glaubens, sondern auch ein Symbol dafür, dass man mit Jesus Christus stirbt und wieder aufersteht. Und jetzt kommt's: Nach meiner Taufe war nicht nur der Wunsch zu sterben komplett verschwunden, sondern auch all das Chaos in mir, alle Haltlosigkeit und das Gefühl zu fallen! Endlich standen meine Füße auf festem Boden. Gott ist so gut!

Als ich eine Weile später merkte, dass ich mich ja schon seit meiner Taufe nicht mehr so verloren fühlte, war ich total geflasht. Wie unglaublich, dass Gott mich durch den symbolischen Tod und die Auferstehung mit ihm von dem befreit hat, was die Ursache für meinen Todeswunsch war! Was für ein unfassbares Geschenk!

Ich habe einige Dinge aus meiner Geschichte gelernt. Erstens: Es ist okay, wenn es mir als Christ nicht immer gut geht. Zweitens: Jesu Zeitpläne sind anders als meine, aber sein Timing ist immer genau richtig. Und „last but not least": Egal, wie die Umstände sind, ich darf darauf vertrauen, dass Christus mein Leben ist!

Sarah Becker (Pseudonym)

 Ich freue mich und bin fröhlich über deine Güte, dass du mein Elend ansiehst und erkennst meine Seele in der Not. Du stellst meine Füße auf weiten Raum.
Psalm 31,8 – 9; LU

 Hast du auch schon mal erlebt, dass ein bestimmter Bibelvers dich ganz stark angesprochen oder berührt hat?

Du sprichst in mein Leben

Wenn ich traurig bin, mich einsam fühl
und sehe keinen Sinn
wenn ich schwach bin, enttäuscht von mir
müde, so wie ich bin
dann sprichst du in mein Leben
sagst, dass du mich liebst
hältst mir deine Hand hin
bist der, der alles gibt
Du kennst meine Schwächen
und stehst dennoch zu mir
heilst meine Wunden, damit ich spüre
du bist hier
Wenn mich Angst befällt und Zweifel dringt
tiefer in mein Herz
wenn sich Dunkelheit in mein Leben mischt
statt Freude ist da nur Schmerz
dann sprichst du in mein Leben
sagst, dass du mich liebst
hältst mir deine Hand hin,
bist der, der mir alles gibt

Du kennst meine Schwächen
und stehst dennoch zu mir
heilst meine Wunden, damit ich spüre
du bist hier

Claudia Graumann

AUF ZAGHAFTEN SCHRITTEN IN DIE ZUKUNFT

„Und? Was machst du nach dem Abitur?" Da war sie wieder, diese verhasste Frage – denn ich hatte keine Ahnung, was ich nach dem Abi machen sollte. Ich hatte nie einen Traumberuf gehabt, und auch das schulische Pflichtpraktikum konnte mir nicht weiterhelfen. Also: Immer ein Lächeln aufsetzen, etwas von „das weiß ich noch nicht genau" murmeln und darauf hoffen, dass nicht weiter nachgebohrt wird!

Somit rückte mein Schulabschluss immer näher. Ich schickte einige halbherzige Bewerbungen im Bereich Verwaltung und Büro ab, doch weiter als bis zu den Vorstellungsgesprächen bin ich nie gekommen. Meine Eltern versuchten, mich immer wieder zu ermutigen, Dinge auszuprobieren, noch mehr Praktika zu absolvieren und mich gründlich zu informieren. Aber: In welche Richtung sollte ich gehen?

Meine Cousine brachte mich schließlich auf den Gedanken, ein Freiwilliges Soziales Jahr (FSJ) zu machen. Die Idee fand ich super. So könnte ich die Berufswahlfrage noch um ein weiteres Jahr nach hinten schieben ...

Also fing ich an, mich nach FSJ-Stellen umzusehen. Die erste Bewerbung ging in eine Einrichtung, in der eine Bekannte von mir ihr FSJ machte. Um einen ersten Eindruck über diese Stelle zu bekommen, besuchte ich sie auf dem Gelände und ließ mich von ihr ein wenig herumführen. Doch kurz vor dem Kennenlerngespräch mit der zuständigen Mitarbeiterin wurde mir ganz bange. Die fremde Umgebung und die Menschen, die an mir vorbeigingen, jagten mir Angst ein. Wollte ich wirklich ein ganzes Jahr hier arbeiten? Nein. Nein, das würde ich nicht schaffen! Auch das schäbige Zimmer, in dem meine Bekannte wohnte, sprach meiner Meinung nach nicht gerade für dieses FSJ. Ich war völlig niedergeschlagen. Schon wieder eine Option, die keine Begeisterung in mir auslöste. Meine Cousine ermutigte mich jedoch, das FSJ dort dennoch zu machen. Sie sagte, es wäre gut für mich, aus der Komfortzone herauszukommen und neue Erfahrungen zu sammeln. Aber das wollte ich nicht. Nicht an *diesem* Ort.

Es war schon Februar, als sich eine weitere Möglichkeit eröffnete. Auf der Jugend-Missions-Konferenz (Jumiko) in Lippe stellten sich viele unterschiedliche Missionsorganisationen vor. An dem Tag dachte ich gar nicht über ein FSJ nach; schließlich hatte ich nicht das Bedürfnis, in Tansania, Paraguay oder sonst irgendwo einen Einsatz zu machen.

Das war so gar nicht mein Ding. Fremde Sprache, fremde Kultur und dann auch noch Tausende Kilometer von zu Hause entfernt? Nichts für mich. In der Pause zwischen zwei Veranstaltungen kam plötzlich eine meiner Freundinnen zu mir, drückte mir einen Flyer in die Hand und sagte: „Hier, du brauchst doch eine FSJ-Stelle. Die hier suchen noch Leute." Noch bevor ich reagieren konnte, zog sie mich zum Stand. „Wycliff Deutschland"? Noch nie gehört. Die Mitarbeiter lächelten mich freundlich an. Ich fragte also, wie das mit einem FSJ aussähe, bekam ein paar Infos und einen Flyer an die Hand. Ich überlegte: Ein FSJ in Deutschland, das klang doch ganz gut. In Burbach? Keine Ahnung, wo das lag. Doch als ich wieder zu Hause war, machte ich mich schlau, und fand heraus, dass der Einsatzbereich in der Küche, im Gästehaus und in der Kinderbetreuung liegen würde. *Hm, das hört sich weniger stressig an als die erste Option, wo ich ständig mit erwachsenen Menschen umgehen müsste, was nicht gerade zu meinen Stärken gehört.* In der Küche zu arbeiten macht mir dagegen Spaß. Ich konnte mir zwar nicht vorstellen, täglich acht Stunden dort zu arbeiten, aber einen vollen Arbeitstag würde ich vermutlich überall haben. *Gut*, dachte ich mir, *ich versuche es mal.* Google sagte mir auch, dass Burbach knapp dreihundert Kilometer von meinem Heimatort entfernt war. Also weit genug weg, um ein wenig selbstständiger zu werden, aber noch nahe genug, um mal nach Hause fahren zu können.

Die Antwort auf meine Bewerbung kam zügig, und ich wurde zum Probearbeiten eingeladen. Ich muss ehrlich sagen, dass ich mich nicht getraut habe, alleine hinzufahren. So fuhr mein Vater mich hin und war das ganze Wochenende immer in der Nähe.

Obwohl ich schon 19 Jahre alt war, stand ich bestimmt fünf Minuten vor der Küchentür, bevor ich mich hineinwagte. Sogar dazu hatte Papa mich noch sehr ermutigen müssen. Ja, ich bin schon etwas schüchtern. Sonja, die Küchenchefin, begrüßte mich freundlich, als ich mich endlich hineingetraut hatte, und machte mich mit allen bekannt, die gerade in der Nähe waren. Um es kurz zu machen: Das Wochenende war gefühlsmäßig sehr turbulent für mich, ich hatte schlecht geschlafen und glaubte deswegen, dass das ganze Jahr so sein würde. Die FSJler, die gerade ihr Jahr dort machten, waren auch nicht besonders kontaktfreudig, was mir das Gefühl gab, dass meine zukünftigen Kollegen auch so sein könnten ... Als mir mein zukünftiger Vorgesetzter ein paar Tage später mitteilte: „Wenn du hier anfangen willst, bist du herzlich willkommen", war das dennoch eine riesige Gebetserhörung für mich. Es lief alles ganz simpel – ohne großes Auswahlverfahren, schriftliche Prüfungen oder sonstige Formalitäten, wie es bei Bewerbungen für Ausbildungen oft üblich ist.

Ein halbes Jahr vorher fing ich bereits an, meine Sachen zu packen. Ich habe tatsächlich mein halbes Zimmer mitgenommen, um mich in der Fremde wohlzufühlen. ☺ Und dann kam der Tag, wo ich allen „Tschüss" sagen musste. Meine Eltern fuhren mich zu meinem neuen Wohnort. Ich hatte ziemliche Angst vor dem Jahr, freute mich jedoch darauf, selbstständiger zu werden. Gleichzeitig wusste ich aber auch, dass ich meine Familie und meine Freunde sehr vermissen würde. Wir brachten meine Sachen in mein Zimmer, und dann kam der Moment, vor dem es mir ein wenig graute: Der Abschied von meinen Eltern. Ja, ich habe geheult. Nicht so sehr, aber schon ein bisschen. So fing mein FSJ an.

Heute, im Rückblick auf mein FSJ, kann ich einfach nur staunen. Gott hat mir so viel geschenkt. So viele Segnungen, die ich teilweise erst nach diesem Jahr erkenne. Rahel, die zeitgleich mit mir das FSJ im Küchenbereich machte, wurde eine sehr gute Freundin für mich (was nicht selbstverständlich ist, wenn man sich den Arbeitsplatz und das Bad teilt ☺). Wir haben immer noch Kontakt und treffen uns gelegentlich, auch wenn uns mehrere Hundert Kilometer voneinander trennen. Wir haben beide eine Weile gebraucht, bis wir miteinander warm wurden. Aber durch die gemeinsame Küchenarbeit haben wir viel zusammen gelacht, gesungen und einfach sehr viel Spaß gehabt. Unsere Chefin Sonja war sowieso ein Schatz. Sie bemutterte uns beide regelrecht, zeigte sehr viel Geduld mit uns, nahm uns mit zum Eisessen und Einkaufen und lud uns sogar zum Frühstück zu sich nach Hause ein.

Unsere Hauseltern Hans und Bonnie waren auch ein großes Geschenk für mich. Jede Woche gab es einen festen Abend, an dem wir zu ihnen in die Wohnung eingeladen waren, Gitarrenunterricht bekamen, Filme guckten und zusammen aßen. Ich habe noch nie so viel Herzlichkeit, Liebe und Gastfreundschaft auf einmal erlebt. Aber klar:

Während meines FSJs gab es auch Momente, wo ich in meinem Zimmer saß und geheult habe, weil ich Heimweh hatte und weil sich das Jahr so lange hinzog. Später hat mir meine Mutter erzählt, dass sie mit Papa überlegt hatten, mich nach Hause zu holen, weil ich bei den fast täglichen Telefongesprächen immer so down gewesen war. Ich bin froh, dass sie es nicht getan haben.

Wenn ich heute zurücksehe, bin ich Gott sehr dankbar. Er hat mir immer wieder den nötigen Mut gegeben und mir in meiner Angst beigestanden. Ich würde jetzt zwar gerne sagen, dass ich deshalb keine Angst mehr vor den Herausforderungen des Lebens habe, aber das ist leider nicht so. Doch ich kann immer wieder auf diese FSJ-Zeit blicken, die mich daran erinnert, dass ich nie allein bin. Und das gibt mir immer wieder neuen Mut voranzugehen.

Vanessa Siemens

 Sei mutig und entschlossen! Lass dich nicht einschüchtern und hab keine Angst! Denn ich, der Herr, dein Gott, stehe dir bei, wohin du auch gehst. Josua 1,9; Hfa

 Hast du manchmal Angst vor der Zukunft? Vor welcher Herausforderung, die dir Sorge bereitet, stehst du gerade? Dann lies den obigen Bibelvers noch einmal und schreib ihn dir irgendwohin, wo du häufig hinschaust.

SEX, DRUGS AND JESUS CHRIST

Ich bin in einem christlichen Elternhaus aufgewachsen; meine Eltern sind Pastoren einer Gemeinde, und ich habe vier weitere Geschwister. Als ich 17 Jahre alt war, traf ich die Entscheidung, nicht mehr sonntags in die Gemeinde zu gehen. Ich wandte mich von Gott ab, und begann so zu leben, wie ich es wollte. Mein Lebensmotto war: Party, Drogen und Sex. Der Lebensweg, den ich eingeschlagen hatte, führte meinen Körper schlussendlich an seine Grenzen.

Und im August 2012 passierte schließlich Folgendes:

An einem Samstag war ich mit meiner damaligen Freundin bei ihren Großeltern zum Grillen eingeladen. Es war eigentlich ein ganz gewöhnlicher Tag. Gegen Abend schlug meine Stimmung von einem Moment auf den anderen um. Mir ging es auf einmal nicht mehr gut. Ich wollte unbedingt heim, und so fuhren wir nach Hause. Bei meiner Freundin angekommen, legte ich mich sofort ins Bett. Und dann ging alles ganz schnell. Während ich im Bett lag, fing mein Körper an, sehr stark zu schwitzen.

Alle Kleiderteile, die ich anhatte, T-Shirt und Hose, waren komplett nass.

Daraufhin stand ich auf, um mir etwas Kaltes zum Trinken aus dem Kühlschrank zu holen. Es waren nur etwa zwanzig Meter, doch auf dem Weg dahin merkte ich, dass meine Beine immer schwächer wurden. Am Kühlschrank angekommen, fasste ich nach dem Griff. Das Letzte, woran ich mich erinnern kann, war das Licht, das beim Öffnen aus dem Kühlschrank nach draußen drang …

Ich brach zusammen und stürzte zu Boden. Den Aufprall nahm ich nicht mehr wahr. Sofort alarmierte meine Freundin den Notarzt, und ich wurde in die Universitätsklinik gebracht.

Dort angekommen, wurden lebensnotwendige Maßnahmen eingeleitet. Die Ärzte kämpften, um meinen Kreislauf zu stabilisieren. Ich nenne dir mal ein paar Daten, damit du den Ernst der Situation besser verstehen kannst: Als ich in die Klinik eingeliefert wurde, lag die Wahrscheinlichkeit, dass ich es überlebe, bei 2 (!) Prozent, ich hatte einen sehr schwachen und unregelmäßigen Pulsschlag. Die Ärzte und die Fakten sprachen eine klare Sprache, nämlich, dass mein Tod unmittelbar bevorstünde. Mittlerweile war es etwa 23 Uhr. Mein Papa wurde informiert und kam in die Klinik. (Zu dieser Zeit waren meine Mama und meine Geschwister im Urlaub.) Er sah mich auf der Intensivstation liegen, und die Ärzte sagten zu ihm, dass sie mich in ein künstliches Koma gelegt hätten, um meinen Kopf zu entlasten und besser die anstehenden Untersuchungen durchführen zu können. Zu diesem Zeitpunkt war nicht klar, womit die Ärzte zu kämpfen hatten. Aber ihre Aussagen waren deutlich: „Es sieht sehr schlecht aus … bereiten Sie sich auf den Tod Ihres Sohnes vor … es ist eine sehr komplizierte Situation."

Mein Papa wusste eins: Er musste beten, um den Arzt der Ärzte zu fragen, was Sache ist! Er suchte sich einen ruhigen Winkel in der Klinik und fing an zu beten. Und plötzlich hörte er, wie Gott zu ihm sagte: „Mach dir keine Sorgen, denn dein Sohn liegt in meinen Händen." Und im nächsten Moment bekam mein Papa einen göttlichen Frieden. Und dies war die Bestätigung aus dem Himmel, die er brauchte, um zu wissen, dass ich überleben würde.

Am nächsten Morgen fingen die Ärzte an, mich zu operieren. Während der Operation stellte man fest, dass ich eine ausgeweitete Gehirnblutung hatte, die seit mehreren Wochen in vollem Gang war.

Um 17 Uhr war die OP vorbei. Im Aufenthaltsraum warteten neben meinem Papa auch meine Mama und meine Geschwister, die inzwischen aus dem Urlaub zurückgekehrt waren. Der Arzt meinte, dass es schlechter mit mir aussähe als in der vergangenen Nacht, und er erklärte meinen Eltern weiter, dass ich nach wie vor im künstlichen Koma gehalten würde, um jeden Druck auf das Gehirn zu verhindern. Er fügte hinzu, dass man frühestens in fünf Wochen sagen könne, ob ich überleben würde. Bis dahin dürfe ich nicht einmal eine harmlose Erkältung bekommen, weil mein Körper keine Kraft habe, damit fertig zu werden.

Kurz nachdem meine Eltern diese Nachricht gehört hatten, bekamen sie den Eindruck, sie sollten fasten. Sie tranken nur Wasser. Am Tag schliefen sie maximal vier Stunden, und den Rest des Tages verbrachten sie im Gebet.

Nun, in der ersten Phase nach der OP bekam ich eine Hirnhautentzündung, in der zweiten eine Lungenentzündung, in der dritten Phase fiel ein Teil meiner Versorgungsorgane aus, unter anderem beide Nieren. Und in der vierten Phase bekam ich 41 Grad Fieber …

Ich überlebte die fünf Wochen, und mein Körper war immer noch in einem instabilen Zustand. Einige Wochen später beschlossen die Ärzte, mich aus dem künstlichen Koma zu holen. Man wusste nicht, ob ich jemanden erkennen würde, welche Schäden mein Gehirn davongetragen hatte – und es gab noch viele weitere Fragen, die nicht beantwortet werden konnten. Als ich am 24. Oktober 2012 meine Augen wieder öffnete, stand meine Familie jubelnd und sehr glücklich in meinem Zimmer. Unter anderem waren viele Ärzte anwesend, deren Blicke von einem fassungslosen Staunen erfüllt waren.

Ein Arzt meinte: „Guten Morgen, junger Mann, ich wünsche Ihnen ein gutes neues Jahr und sehr viel Gesundheit. Wie haben Sie das überlebt? Das ist medizinisch unmöglich!" Sein letzter Satz hat mich nicht mehr in Ruhe gelassen. Ja, es *muss* jemanden geben, der mich vor dem Tod bewahrt hat. Und es ist niemand anderes als Jesus Christus.

Kevin Gunnaratnam

Berge mögen einstürzen und Hügel wanken, aber meine Liebe zu dir wird nie erschüttert, und mein Friedensbund mit dir wird niemals wanken. Das verspreche ich, der Herr, der sich über dich erbarmt!
Jesaja 54,10; Hfa

 Wir alle machen Fehler. Und manche unserer Fehlentscheidungen können auch schwerwiegende Folgen haben, zum Beispiel, wenn wir nicht gut mit unserem Körper umgehen, unüberlegte Entscheidungen treffen, Regeln ignorieren. Gott macht die Folgen unseres Handelns nicht immer ungeschehen. Aber er liebt uns so sehr, dass er sich immer wieder über uns erbarmt und uns hilft. Manchmal auch durch ein Wunder wie bei Kevin …

DIE NACHT IM WALD

Ich lebte die ersten sieben Jahre meines Lebens mit meiner Familie im Haus meiner Großeltern. Dieses stand in einem dichten Wald in Mülheim an der Ruhr. Den Wald liebte ich so sehr wie nichts anderes in meinem Leben; dementsprechend litt ich sehr, als wir von dort wegzogen – in eine Stadt.

Während viele Menschen im Wald Angst haben – vor allem, wenn sie allein und im Dunkeln sind, fand ich dort immer Zuflucht, Schutz und Trost.

Als ich fast zwanzig war, starb mein geliebter Bruder Gerold mit 27 Jahren an einem Gehirntumor. Ich war verzweifelt und glaubte, mich nie wieder freuen zu können. Als Christin hörte ich immer wieder tröstliche Worte aus der Bibel über die Auferstehung und das Leben nach dem Tod. Doch ich fühlte nichts davon in meinem Herzen, und ich stellte Gott immer wieder die brennende Frage, wie ich das denn sehen soll, das Leben nach dem Tod. Einmal lief ich abends weinend in den Wald und fiel unter einem großen Baum schluchzend auf die Knie, aus Trauer um Gerold. Ich betete zu Gott um Trost. Plötzlich hielt ich einen kleinen Zweig in der Hand, der die Form eines lächelnden Mundes hatte. Sofort wusste ich tief in mir drin: Dieses Lächeln hatte mir Gerold geschenkt. Glücklich und getröstet ging ich nach Hause.

Jahre später hatte ich selbst eine Familie gegründet in einem kleinen Dorf, das von Wald umgeben war. Mein Sohn war konfirmiert worden und nahm – wie fast alle Konfirmierten – an den im Dorf üblichen „Einweihungsritualen" teil, die vor allem darin bestanden, Unmengen von Alkohol zu konsumieren. Mein Sohn wurde als trinkfester Sieger bei der Burschenschafts-Einweihung nach Hause getragen – und ich bangte die ganzer Nacht lang um sein Leben.

Verzweifelt über die Gefahr und die Sinnlosigkeit solcher Mutproben, fiel mir ein, dass bei manchen Naturvölkern junge Menschen eine Nacht im Urwald verbringen müssen. Da ich den Wald so liebte, dachte ich, es sei ein Leichtes für mich, eine Nacht in unserem Dorfwald zu verbringen, den ich bei Tag schon oft durchstreift hatte und in dem ich mich geborgen und zu Hause fühlte.

Ich suchte mir für mein Vorhaben die kürzeste Nacht des Jahres aus. Am 21. Juni 2010 versuchte ich gegen Mitternacht den Wald zu betreten.

Mein Lieblingszugang war eine Felsenwand mit Stufen und Büschen, die ich immer wie eine Katze hochkletterte. Doch in dieser Nacht fand ich im Dunkeln den treppenartigen Aufstieg am Hang einfach nicht. Was nun? Ich überlegte, warum ich den Weg nicht fand, denn ich war ihn doch schon hunderte Male gegangen. Schließlich wurde mir bewusst, dass ich mich wie ein Einbrecher verhielt.

So bat ich in Gedanken alle Bewohner des Waldes, mir einen nächtlichen Besuch zu erlauben. Im selben Moment wusste ich, dass ich ein paar Meter weiter links aufsteigen konnte. Dankbar kletterte ich zu meiner „Krafteiche", an der ich mich immer gern anlehnte, und von da aus weiter zu der großen Lärche, die wie eine Königin den ganzen bewaldeten Hügel überragte.

Jetzt fiel mir erst so richtig auf, dass mich nachts im Wald eine völlig andere Stimmung umgab als tagsüber. Ich fühlte mich so klein … und immer noch ein bisschen wie ein Eindringling. Von der Lärche aus konnte ich den Lichtschimmer des Dorfes sehen. Alles, was ich mitgenommen hatte, waren eine Decke, eine Bastmatte und ein Wanderstab.

Ich irrte eine ganze Weile umher. Es war so dunkel, dass ich fast nichts erkennen konnte. Plötzlich hörte ich Wildschweine! Spontan kletterte ich auf den Stamm einer umgestürzten Lärche. So saß ich dort, einen Meter über dem Waldboden; die Wurzel der Lärche diente mir als Rückenlehne. Die Wildschweine hörte ich zum Glück nur von ferne. Ich genoss eine Weile den Blick in den Sternenhimmel, dann schlief ich schließlich ein …

Jäh riss mich das Grunzen der Wildschweinrotte aus dem Schlaf. Ich sah sie nicht, doch hörte sie direkt auf mich zukommen. *Ihr tut mir nichts und ich tue euch nichts, okay?*, dachte ich in diesem Moment nur. Ich sagte mir, dass die Schweine mindestens so viel Angst vor mir hatten wie ich vor ihnen, und dass sie nicht auf meinen Baum klettern würden, um mich anzugreifen. Trotzdem schlug mein Herz bis zum Hals. Ich hörte sie direkt hinter meinem Rücken vorbeilaufen und wie sie dann im Dickicht verschwanden. Danach war alles wieder still.

Irgendwann wurde es mir zu unbequem auf dem Baumstamm. Ich rollte die Bastmatte auf dem Waldboden aus, legte mich hin und deckte mich mit der Decke zu. Mein Plan war, bis zum Morgen hier zu schlafen.

Ich wurde wach, als ich merkte, dass sich mein Bauch vor Kälte verkrampfte – es waren in dieser Juninacht nur fünf Grad. Die nächste Herausforderung bestand darin zu verstehen, was ich hier im Wald eigentlich wollte. Was tat ich da Bescheuertes? Ich lag etwa fünfhundert Meter von meinem warmen Bett entfernt frierend auf dem unbequemen Waldboden! Wozu um alles in der Welt tat ich das?

Ich wollte aufstehen und heimgehen, aber da kamen mir plötzlich die Worte meines Mannes in den Sinn, der mir prophezeit hatte, dass ich spätestens um 3 Uhr wieder zu Hause wäre. Das ließ mein Stolz natürlich nicht zu. Doch da die Zeit im Liegen nicht sehr schnell vergehen würde, beschloss ich, eingewickelt in die Decke und gestützt auf meinen Wanderstab, loszulaufen – weiter in den Wald hinein. Mir fielen Worte aus dem Psalm 23 ein: „Und ob ich schon wanderte im finsteren Tal, fürchte ich kein Unglück; denn du bist bei mir, dein Stecken und Stab trösten mich."

Meine Schritte im Laub verursachten allerdings ziemlich laute Geräusche, und ich wollte so schnell wie möglich auf einen laubfreien, breiten Waldweg gelangen, um nicht wieder die Wildschweine aufzuscheuchen. Als ich da so querwaldein umherlief, wurden mir erst richtig die Gefahren bewusst, denen ich mich ausgesetzt hatte. Ich konnte stolpern und mir den Fuß brechen! Ich konnte mir mit einem Ast ein Auge ausstechen! Ich konnte von Wildschweinen übel verletzt werden oder frontal gegen einen Baum laufen!

Da ich kein Handy dabeihatte, war ich auf Gottes Hilfe angewiesen. Und auf die verließ ich mich auch. Ich erreichte schließlich den Waldweg, blieb mitten darauf stehen – wie ein Massai-Krieger – und fühlte mich plötzlich so wohl und sicher … Da zerriss plötzlich ein ohrenbetäubendes Gebrüll die Stille. Schlagartig wurde mir heiß, das Blut pochte in meinen Ohren, und ich feuerte meine Gedanken in Richtung des Gebrülls: *Du tust mir nichts, ich tue dir nichts – okay?*

Doch ich war mir auf einmal überhaupt nicht mehr sicher. Zu gespenstisch klangen diese Laute. Später erklärte mir ein Jäger, das sei wohl ein Hirsch oder Rehbock gewesen, der mich als Eindringling gewittert und deshalb den ganzen Wald alarmiert hatte.

Das Gebrüll verstummte schließlich – Gott sei Dank. In diesem Moment fühlte ich eine Kraft in mir aufsteigen, die mir die Gewissheit gab, dass mir nichts geschehen kann, solange ich alle Lebewesen als Geschöpfe Gottes erkenne – und solange ich auf Gott vertraue. Ich lief den Weg weiter und sah schon einen rosa Schimmer am Himmel. Zügig ging ich auf das östliche Ende des Waldes zu, um dort den Sonnenaufgang zu erleben.

Ich fühlte mich mutig, stark und mit allem, was ist, verbunden. *Jeder, der nach einem Kick sucht und Mut beweisen will, sollte, anstatt sich zu besaufen, eine Nacht in einem Wald verbringen*, dachte ich in diesem Moment.

Und mein Waldabenteuer war noch nicht vorbei ...

Der kürzeste Weg zum östlich gelegenen Waldrand führte über eine Fläche, auf der ein Sturm im Vorjahr viele Bäume entwurzelt hatte. Die lagen dort noch kreuz und quer, überwuchert von Brombeerranken und Brennnesseln. Nach wenigen Metern wollte ich schon aufgeben und dachte: Das geht nicht, ich kehre um und suche einen anderen Weg. Doch eine Stimme in mir sagte: *‚Geht nicht' gibt's nicht! Das ist deine Aufgabe, die du jetzt bewältigen musst. Überlege dir eine Lösung.* Also nahm ich meinen Stock, tastete mit ihm den Boden direkt vor mir ab und setzte dann meinen Fuß dorthin. Ich bog mit dem Stock auch Brombeerranken und Brennnesseln zur Seite. Es dauerte zwar lange, doch ich schaffte es schließlich, ohne einen Kratzer an mein Ziel zu kommen.

Am Waldrand begrüßte mich dann die aufgehende Sonne. Es war wunderschön. Der Wald und die dunkle Nacht mit all ihren Gefahren und Ängsten lagen hinter mir, und ich war erfüllt von Dankbarkeit und Freude. Glücklich machte ich mich auf den Heimweg, nicht ohne allerdings noch eine unangenehme Überraschung zu erleben: Der Morgentau auf dem Gras drang in meine Schuhe ein, und zwar so gründlich, dass das Wasser in meinen Schuhen quatschte. Es war so unglaublich eisig, dass ich den gesamten Heimweg das Gefühl hatte, auf Rasierklingen zu laufen ... Aber ich schaffte es. Ich kam sicher und heil zu Hause an.

Ich habe seit dieser Nacht, in der mich Gott führte, prüfte und stärkte, ein unumstößliches Gottvertrauen, das mir in allen Lebenslagen Mut macht und Zuversicht gibt.

Corinna Kabot

 Vertraue auf den Herrn! Sei stark und mutig, vertraue auf den Herrn!
Psalm 27,14; GN

 Wofür hast du schon mal so richtig viel Mut gebraucht? Wo hat Gott dich schon mal herausgefordert, etwas zu wagen?

Ich staune und genieße!

Ich gehe durch den Wald,
staune über die Schönheit der Natur,
wie alles zusammenpasst,
staune über die Wahrheit,
woher alles kommt,
ich staune und genieße!

Ich gehe durch den Wald,
staune, wie alles aussieht,
staune, wie sich alles anhört,
staune, wie es duftet,
ich staune und genieße!

Ich gehe durch den Wald,

suche dich, mein Gott,
suche deine Gegenwart.
Ich finde dich, mein Gott,
finde dich in der Schönheit der Natur,
finde dich in deiner Schöpfung.
Du bist da, ich merke es,
du bist bei mir, ich fühle es,
ich staune und genieße!

Mirja

EIN STÜRMISCHES JAHR MIT HAPPY END

Mein Weg war bislang alles andere als einfach. Ich habe oft gezweifelt und mich gefragt, was Gottes Weg für mich ist. Warum lässt er schlimme Dinge in meinem Leben passieren – und was denkt er sich nur dabei?

Der Schock

14. Januar 2017. Ein Tag, den ich nie vergessen werde. Eigentlich war es ein Tag, der schöne Erinnerungen schaffen sollte. Meine Freundinnen hatten mir zum Geburtstag einen Ausflug geschenkt, der an diesem Tag geplant war. Während ich morgens am Frühstückstisch saß, hörte ich meine Eltern im Wohnzimmer streiten. Ich konnte nicht verstehen, was genau sie sagten, aber ich wusste, dass es nichts Gutes war. Klar streitet man sich ab und zu mal, aber manchmal gibt es Streit, bei dem man ahnt: Das war zu viel. Und so ein Streit war das. Ich versuchte zu lauschen, und mit tausend Gedanken im Kopf stellte ich mir vor, was passieren würde, wenn die Tür zum Wohnzimmer aufgeht.

Dann kam Papa. Er guckte mich an und sagte nur: „Aileen, ich muss dir was sagen: Wir lassen uns scheiden!" Dann drehte er sich um, nahm den Autoschlüssel und verließ das Haus.

Ich war völlig überfordert, und mir standen die Tränen in den Augen. Ein einziges Wort kreiste in meinem Kopf: WARUM?

Meine Mama kam natürlich gleich zu mir, nahm mich in den Arm und tröstete mich. Ich erinnere mich daran, dass ich weinte und weinte. Ich hätte es nicht so erfahren dürfen, sagte sie. Aber dafür war es nun zu spät.

Am folgenden Tag hörte ich wieder einen Streit zwischen meinen Eltern, allerdings konnte ich dieses Mal die Worte ziemlich genau verstehen. Das, was ich hörte, war wie ein Schlag. Ich konnte und wollte es nicht glauben. Die Tränen liefen mir die Wangen hinunter, während ich versuchte, mich leise in mein Zimmer zu schleichen. Ich schrieb einer Freundin eine Nachricht, und sie bot mir an, sofort zu ihr zu kommen und bei ihr zu übernachten. Ich packte schnell meine Tasche. In diesem Moment kam Mama herein, und ich fing wieder an zu weinen und stotterte nur: „Ich habe alles gehört! Stimmt es, dass du schwanger bist?!"

In diesem Moment fühlte ich mich so, als würde meine Welt zusammenbrechen.

Die darauffolgenden Wochen und Monate waren für uns alle nicht leicht. Wir mussten unser Auto verkaufen, eine neue Wohnung finden, und auch in der Schule wurde es nicht gerade leichter für mich. Ich habe mich in dieser Zeit ziemlich allein und verloren gefühlt. Ich konnte nicht gut darüber reden und versuchte, es zu verstecken, was mir jedoch selten gelang. Ich hatte ständig das Gefühl: *Jetzt muss ich erwachsen werden.* In all dem Chaos fragte ich mich immer wieder, warum Gott das zulässt. *Warum jetzt und warum ich? Liebt er mich wirklich?!*

Falsche Wege

Ich fing an, immer mehr auszugehen. Ich traf mich mit „Freunden", die sich im Nachhinein als nicht wirklich gut herausstellten. Aber sie gaben mir das Gefühl, wichtig zu sein. Ich war beliebt bei ihnen, das neue blonde Mädchen mit den süßen Locken. Es fühlte sich einfach gut an. Diese Freunde waren mir wichtiger als meine Gemeinde, die Schule und andere Menschen, zu denen ich bis dahin Kontakt hatte. Bei meinen neuen „Freunden" lernte ich dann auch meinen ersten Freund kennen. Ich war glücklich und rettete mich in eine heile Welt. Ich hörte nicht auf andere, und fühlte mich angegriffen, wenn jemand etwas gegen meine neuen „Freunde" sagte. Allerdings: Wenn ich heute zurückdenke, weiß ich: Sie meinten es nur gut mit mir, sie wollten mich warnen und beschützen.

Nach genau einem Monat trennte ich mich dann von meinem damaligen Freund. Er hatte eine andere geküsst, und das war für mich ein absolutes No-Go! Ich habe viel geweint und auch sehr lange Schwierigkeiten gehabt, ihn wirklich loszulassen. In der Zeit habe ich wieder angefangen zu beten, allerdings ist mir das unglaublich schwergefallen. Ich habe es absolut nicht verstanden und Gott immer wieder gefragt, warum er das alles zulässt.

Nachdem ich mit meiner Mama in die neue Wohnung gezogen war, veränderte sich viel. Meine damaligen Freunde zeigten mehr und mehr ihre andere Seite: Ich glaubte ihren Worten, die mir Bestätigung gaben, aber doch mit falscher Absicht gesagt wurden. Und so naiv, wie ich war, ließ ich es mit mir machen. Ich habe sie Dinge tun lassen, die man keinem Mädchen antut. Ich habe mich so machtlos gefühlt. Und ich schäme mich bis heute dafür.

Als ich von meiner damaligen Freundin eine Morddrohung bekam, hat es bei mir schließlich „Klick" gemacht, und ich wandte mich von all diesen „Freunden" ab. Das war ein langer, schwerer Weg, den ich alleine nie geschafft hätte. Doch ich versuchte, wieder Halt in der Gemeinde zu finden und an etwas festzuhalten, das mir Hoffnung gab. Ich bin sehr dankbar für die Menschen dort. Sie verurteilten mich nicht, und ich fing an, meinen Glauben wieder zu stärken. Ohne sie und ohne meine Familie hätte ich dies nie geschafft. Und ich bin Gott unglaublich dankbar dafür! Es war ein Schritt in die richtige Richtung.

Das Wunder

Dann, nur wenig später, kam ich mit starken Schmerzen im Bauch- und Brustbereich ins Krankenhaus. Ich musste erst mal für unbestimmte Zeit da bleiben, bekam achteinhalb Liter Infusionsflüssigkeit am Tag, Schmerztherapie und eine komplette Ernährungsumstellung, da eine schlimme Bauchspeicheldrüsenentzündung diagnostiziert wurde. Im Krankenhaus bekam ich zum Glück viel Besuch. Sogar unser Teenkreis wurde dorthin verlegt. Und es bedeutete mir sehr viel, dass so viele kamen. Selbst ein paar neugierige Krankenschwestern steckten ab und zu die Köpfe zu uns rein und blieben eine Weile, als wir miteinander sangen und einen biblischen Input hörten.

Kurz nachdem ich aus dem Krankenhaus entlassen wurde, fuhr unser Teenkreis zur „Pfingstjugendkonferenz" nach Siegen, und was mir da passiert ist, werde ich nie vergessen.

Es war der Samstagmorgen, ich hatte immer noch leichte Schwierigkeiten mit meiner Bauchspeicheldrüse und ab und zu starke Schmerzen. An diesem Morgen gab es eine morgendliche Bibeleinheit, bei der ich allerdings nicht so recht zuhörte, weil ich in Gedanken bei der schwierigen Situation mit meiner Familie und bei meinen Bauchschmerzen war. Die wenigen Minuten, die ich aufpasste, gingen mir dann allerdings so nah, dass mir die Tränen kamen – weil es zu hundert Prozent in meine Situation passte! Am Ende sprach der Prediger noch ein Gebet, und ich erinnere mich noch genau an seine Worte. Dass sie allerdings haargenau auf mich passten, ahnte ich zu diesem Zeitpunkt noch nicht ... In seinem Gebet sprach der Prediger zu Gott, dass er glaube, in diesem Raum, auf der Empore oben links, sitze jemand mit starken Schmerzen, und Gott möge ihn doch davon befreien.

Ich weiß noch, dass ich erstaunt war, mit welchem Selbstbewusstsein und welcher Entschiedenheit der Mann dieses Gebet sprach. Als wir den Saal verließen, fragte mich meine Freundin, wie es denn meinem Bauch ginge und ob die Schmerzen von heute Morgen noch da wären. Als ich meinen Körper wahrnahm, bemerkte ich, dass die Schmerzen nicht mehr da waren, aber ich dachte mir erst mal nichts weiter dabei. In der Pause vor dem Mittagessen fragte meine Freundin mich erneut, ob die Schmerzen immer noch weg wären. Ich konnte ihre Frage auch diesmal mit Ja beantworten. Als es schließlich Mittagessen gab, fragte sie mich ein drittes Mal. Und wieder konnte ich sagen, dass die Schmerzen bis jetzt nicht wiedergekehrt waren. Meine Freundin meinte daraufhin, dass ich ja vielleicht die Person bin, die geheilt worden ist. Das wollte ich allerdings nicht glauben. Also ließ ich mich darauf ein, dass wir „eine Probe" machen: Wenn ich die Spaghetti mit der fettigen Soße esse und keine Bauchschmerzen davon bekomme, dann würde ich auch daran glauben. (Fettiges durfte ich nämlich nicht essen.)

Nun ja, ich glaubte zwar daran, dass Gott wirklich Wunder tut, aber nicht daran, dass er es ausgerechnet bei *mir* tut. Okay, ich aß also die Spaghetti – und nichts Schlimmes passierte. Ich bekam keine Schmerzen, ich konnte es kaum glauben! Ich war so erstaunt, dass ich es nicht in Worte fassen konnte.

Und die Geschichte ging noch weiter … Meine Freundin und ich beschlossen, den Prediger aufzusuchen und ihm die Sache zu erzählen. Ich erklärte ihm also die Geschichte mit meiner Bauchspeicheldrüse, und wir redeten dann noch ein bisschen miteinander. Im Gespräch erwähnte er jedoch Dinge, die er eigentlich überhaupt nicht wissen konnte – wie die Trennung meiner Eltern!

Was erstaunlich war: Er sprach seine Gedanken mit so viel Sicherheit aus! Der Mann machte mir auch viel Mut, neue Wege zu gehen.

Ich war so dankbar, dass Gott mir gezeigt hatte, dass da noch so viel mehr ist als das, was wir für möglich halten!

Der Motorradunfall

Der Sommer kam und eine Weile lief alles gut, zumindest eine Zeit lang. Ich fuhr mit Freundinnen an die Talsperre, um dort das schöne Wetter zu genießen, als ich den Anruf bekam, dass meine Schwester gerade einen schweren Motorradunfall hatte und auf dem Weg ins Krankenhaus sei. Als ich das hörte, blieb mein Herz stehen. Es war wie ein Schock, und dieses Gefühl kann man schlecht beschreiben. Ich wusste nicht, was ich tun sollte oder wie schlimm der Unfall war. Sofort fuhren wir ins Krankenhaus. Mama und Papa waren schon da. Allerdings konnten wir nicht viel machen, da meine Schwester gerade im OP war.

Die Tage darauf waren schwer. Ich schlief kaum und war wieder mit den falschen Personen unterwegs, weil ich nicht alleine sein konnte. Es dauerte lange, bis meine Schwester das Krankenhaus verlassen durfte, denn es waren viele OP's nötig. Aber ich bin unglaublich stolz auf sie und so dankbar, dass sie einen so großen und mächtigen Beschützer hatte! Diese schwere Zeit hatte trotz allem auch etwas Gutes: Meine Schwester und ich haben jetzt ein viel besseres Verhältnis zueinander, und wir haben gemeinsam diese schweren Tage überstanden.

Ich habe gelernt: „Gib niemals auf!"

Und nun war auch meine Schulzeit fast zu Ende; und ich hatte noch keinen Plan, wie es für mich weitergehen sollte. Da fuhr ich ziemlich spontan mit ein paar Leuten auf die „Jumiko" (Jugendmissionskonferenz) nach Stuttgart. Auf der dortigen Messe entdeckte ich die Stände von zwei Organisationen, die mich sehr ansprachen. Beide boten die Möglichkeit an, ein Jahr zu verbringen, in dem man in einer Gemeinschaft lebt, Praktika macht, an einer Bibelschule lernt oder einen Auslandseinsatz absolviert.

Ich beschloss, mich bei beiden Organisationen zu bewerben. Beide hätten mich auch angenommen, aber ich entschied mich schließlich für das entfernter gelegene Stuttgart, weil ich etwas Abstand von zu Hause brauchte und das turbulente Jahr hinter mir lassen und mich neu sortieren wollte. Zehn Monate lang zusammen mit anderen christlichen Jugendlichen gemeinsam leben und wachsen – das klang spannend. Der Abschied von meiner Familie fiel mir zwar schwer, aber ich wusste, dass es der richtige Weg war.

Viele behaupten, ich wäre damals vor meiner Situation „davongelaufen", aber das stimmt nicht. Heute kann ich sagen, dass ich trotz des ganzen Mists, der mir in jenem Jahr passiert ist, gelernt habe, niemals aufzugeben. Ich habe erfahren, dass es einen Gott gibt, der mich über alles liebt. Ich habe gemerkt, dass ich versuche, in allem Schlechten etwas Gutes zu entdecken – was mir hilft, nach vorn zu schauen. Was bringt es mir, dem Teufel die Macht zu geben, wenn ich weiß, dass jemand hinter mir steht, mit dem ich alles schaffen kann?

Ich bin Gott unglaublich dankbar für diese zehn Monate Orientierungsjahr. Das Verhältnis zu meiner Mama und zu meinem Papa ist besser geworden. Ich habe gelernt, sie zu schätzen, und bin trotz allem unglaublich dankbar dafür, dass ich beide habe. Trotz der Tatsache, dass sie getrennt sind, könnte ich mir keine bessere Familie vorstellen. Sie ist nicht perfekt und wird es auch nie sein, genau wie ich nicht perfekt bin. Aber trotzdem liebt Gott uns!

Jeder von uns hat eine Geschichte, und jede Geschichte ist wichtig und erzählenswert. Gott schreibt mit uns diese Geschichte, und er möchte jeden einzelnen Schritt mit uns gehen. Selbst wenn es an einigen Stellen ein paar Schritte zurückzugehen scheint und erst dann wieder nach vorn.

Gott wird mich nie alleine lassen. Ich bin gespannt, was er noch mit mir vorhat und vor welche Herausforderungen ich noch gestellt werde. Aber ich werde die Hoffnung nie aufgeben und immer versuchen, das Gute in den Schwierigkeiten zu sehen.

Aileen Gehrmann

 Gott spricht: Ich habe Pläne für dich, die voller Zukunft und Hoffnung sind.
nach Jeremia 29,11

 Gott schreibt mit dir eine einzigartige Geschichte! Und er kennt diese Geschichte schon in allen

Details. Er ist der Autor dieser Story und hat alles in seiner Hand. Wenn dir das Leben wie eine Achterbahnfahrt vorkommt, vertraue darauf: Er passt auf dich auf. Er hat alles im Griff.

LET IT RAIN!

Es ist Winter. Draußen liegt dicker Schnee, und so lasse ich mich durch die herrliche Landschaft zu einem Spaziergang im Wald inspirieren. Die Natur ist bezaubernd. Die Schneeflocken glitzern in der Sonne, im Wald ist es ganz still. Ich gehe lange spazieren, atme die frische Luft ein, genieße die Ruhe und die Einsamkeit. Es scheint so, als ob mein kleiner winterlicher Ausflug in einem Land voller Watte stattfinden würde – die Schritte sind so sanft, der Atem so klar, die Luft so rein. Ich laufe unter einem schneebedeckten Ast hindurch. Der Schnee rieselt sanft auf mich herab. Ich bleibe unter den Zweigen stehen und genieße diesen Augenblick. Dabei kommen mir Gedanken, die ich später in diesem Gedicht festgehalten habe:

The Shower
Cover me with your love
Let your grace flow down on me
Let your healing wrap round me.

Cover me with your mercy
Sprinkle me with your strength
And lay down on me your joy.

Let your peace surround me
Put your confidence on me.
And hurl down on me the trust in You.

Holy Spirit, let it rain!

Der Regen
Bedecke mich mit deiner Liebe
Lass deine Gnade auf mich niederrieseln
Hülle mich ein in deine Heilung.

Bedecke mich mit deiner Barmherzigkeit
Besprühe mich mit deiner Stärke
Und lege auf mich deine Freude.

Lass deinen Frieden mich umgeben
Lege deine Zuversicht auf mich
Und stärke in mir das Vertrauen in dich.

Heiliger Geist, lass es regnen!

Es war eine Begegnung mit Jesus. Seine Sanftheit und Zärtlichkeit, seine Güte und Liebe begegneten mir in dieser winterlichen Idylle. Durch diesen sanften Schneeregen offenbarte mir Jesus neu, wer er ist: ein Gott voller Liebe und Sanftheit, ein Ort der Stille, ein Ort der Erneuerung, ein Ort des Lebens. Er spricht leise zu mir, flüstert leise seine Liebe in mein Ohr, und durch vielerlei Arten und Weisen offenbart er sich mir als der, der er ist – nicht zuletzt durch sein wunderbares Werk – die Natur. Gott ist Liebe. Möge der Heilige Geist uns berieseln mit dem, was wir brauchen, manchmal unbemerkt, still und leise. Wie ein Schneeregen möge er uns bedecken. *Holy Spirit, let it rain!*

Johanna Bea

 Ich wünsche dir, dass Gott deinen Glauben mit großer Freude und vollkommenem Frieden erfüllt, damit deine Hoffnung durch die Kraft des Heiligen Geistes wachse.
nach Römer 15,13

 Gott spricht zu uns – durch Bibelworte, durch andere Menschen, auch durch die Natur. Bleib offen für sein Reden. Den Segen-Regen Gottes wünsche ich dir!

ANMERKUNGEN

Gedicht *Gott spricht*, aus: Netzgemeinde „dazwischen",
netzgemeinde-dazwischen.de, abgerufen Juli 2018.

Daniel Harter: *Gottes Liebespfeil*, aus: David Kadel (Hg.),
Wenn du für Sonne betest, lass den Schirm zu Hause,
Gerth Medien 2015.

Gedicht von Nancy Spiegelberg, *Unterschiedliche Gebetserhöhrungen*, aus: Alice Gray (Hg.): Ein Liebesbrief vom
Himmel, Gerth Medien 2016.

Gedicht von Lisa, *Regenbogen*, aus: TeensMag Nr. 4/2016

Christopher Schacht: *Gerettet von einem Esel*, Auszug aus:
Christopher Schacht, Mit 50 Euro um die Welt, adeo
2018.

Gedicht *Glauben und Zweifeln*, aus: Alice Gray (Hg.), Ein
Liebesbrief vom Himmel, Gerth Medien 2016.

Michael Stahl: *Maja*, aus: Andi Weiss (Hg.), Im Dunkel
scheint dein Licht, Wahre Weihnachtsgeschichten,
Gerth Medien 2018.

Gedicht von Claudia Graumann: *Du sprichst in mein Leben*,
aus: Wunden und Wunder, Gerth Medien 2010.

Kevin Gunnaratnam: *Sex, Drugs and Jesus Christ,* aus: David

Kadel (Hg.), Wenn du für Sonne betest, lass den Schirm zu Hause, Gerth Medien 2015.

Gedicht von Mirja, *Ich staune und genieße!*, aus: TeensMag Nr. 2/2017

Johanna Bea: *Let it rain!,* aus: Andi Weiss (Hg.), Ungewohnt leise, Gerth Medien 2007, veröffentlicht unter dem Titel „Schneeregen".

Geschichten, die ins Herz gehen

„Die Geschichten wecken in mir die Sehnsucht, Gottes Gegenwart hautnah zu erleben!"

Leserstimme

Dieser Sammelband enthält knapp 50 wahre Geschichten für junge Leute. Sie sind bewegend, Mut machend, tiefsinnig, echt schön und passend für alle Lebenslagen. Jugendliche erzählen, was sie mit Gott erlebt haben. Und wie es ihnen gelungen ist, mit seiner Hilfe Ängste zu überwinden, Enttäuschungen zu verkraften und vertrauensvoll zu leben. Die Berichte zeigen, wie Gott unser Leben auf positive Weise verändern kann.

 Alice Gray (Hg.) • Blind Date mit Gott
Klappenbroschur • 192 Seiten • ISBN 978-3-95734-616-2

365 kreative Ideen, Gott und sich selbst neu zu begegnen

*„„Mal dir einen Sonnentag'
ist ein wirklich unglaublich
erfrischendes, belebendes,
schönes Buch – nicht nur –
für Mädchen ab 12 Jahren."*

Leserstimme

Jetzt kommt frischer Wind in dein Leben und deinen Glauben –
mit je einer Idee pro Tag, die Spaß macht und leicht umzu-
setzen ist. Jeder Monat steht unter einem bestimmten Motto,
das du 30 Tage lang auf unterschiedliche Art und Weise
vertiefen kannst. Mal gibt es was zu kritzeln oder auszufüllen,
mal etwas zum Ausprobieren, Nachdenken, Aufschreiben,
Sammeln oder Selbermachen. Lass dich überraschen, wie dein
Glaube und dein Leben dadurch beflügelt werden!

Verena Keil / Hanni Plato • Mal dir einen Sonnentag
Broschur • 224 Seiten • ISBN 978-3-95734-599-8

© 2020 Gerth Medien, Dillerberg 1, 35614 Asslar
in der SCM Verlagsgruppe GmbH

1. Auflage 2020
Bestell-Nr. 817636
ISBN 978-3-95734-636-0

Umschlaggestaltung: Andreas Sonnhüter
www.sonnhueter.com
Lektorat: Verena Keil, Nelli Bangert
Satz: Vornehm Mediengestaltung, München
Druck und Verarbeitung: GGP Media GmbH; Pößneck
Printed in Germany

www.gerth.de